自民党秘史

過ぎ去りし政治家の面影

岡崎守恭

講談社現代新書
2460

写真提供：朝日新聞社

はじめに——政治家の「顔」が見えた頃

自民党が大きくなり過ぎたからなのだろうか。

いやそうではないだろう。

現役の政治記者ではなくなったからなのだろうか。

これもそうではないだろう。

膨れ上がった議席。こんなにたくさんの自民党の国会議員がいるのに、その「顔」が見えないのである。

次をねらう人たちの名前は知っているが、その人たちをめぐるドラマは何も見えない。「一強」の人ににらまれないように、あえて見えないようにしているのだろうか。

バイプレーヤーと思われる人はなおさらである。こうした人たちの存在こそ面白かったのが自民党である。

「近代政党」なるものに脱皮したのだろうか。そうではないだろう。

野党の分裂や内紛などは見たくも、聞きたくもない。

野党の役割の第一は政権を倒すことである。是々非々とか、責任野党とかいう言葉に逃げ込み、その使命を忘れ、とりわけその気迫すらない姿はうんざりである。

野党に転落した自民党は何と仇敵の社会党と組んで政権を奪還したのである。ほんのちょっと前のこの〝教訓〟も野党は思い出せないのだろうか。

今の政治記者はつまらないだろう。国民は、有権者はもっとつまらない。

政治にとって一番、危険なのは「飽き」と、そこからくる「無視」である。

「政策」が大事だという。その通りである。

が、政治の基本は「人」である。

一昔前、永田町には、というより自民党には「人」がいて、いろいろな「顔」が見えた。

「顔」がしっかりと見える政治だった。

もちろん、とんでもない「顔」もあった。

しかしノッペラボーと金太郎飴ばかりよりましである。

現代風に言えば、キャラが立っていなければ、ヒール（悪役）にはならないが、主役にもなれない。

制度的に言えば、小選挙区制の導入で党公認が得られないと新人の当選は難しくなり、しかもそれが執行部の「面接」で決められるとなると、いい意味でエッジの利いた候補者は出にくくなる。

スキャンダル以外では「顔」はますます見えなくなりそうである。

国会はかつて学歴不問の〝職場〟だった。猛獣もいれば、猛獣使いもいた。いま、石を投げれば世襲議員に当たるようになり、海外留学でハクも付けた高学歴の職場に変わったが、果たして「人材の宝庫」になったのかどうか。

二〇一七（平成二九）年秋の衆議院総選挙を経て、政治への「あきらめ」と「冷笑」が一段と広がっている。

そんな中だからこそ、「顔」が見えた頃の一端を、その知られざる〝肉声〟とともに紹介するのも無駄ではないかもしれない。

「歴史」というほどの昔ではなく、多くの方の実際の「記憶」にまだ残っている昭和から平成への移行期に照準を合わせて、人間味のにじむ政治家の風貌と織りなした愛憎劇を手ざわり感が出るように綴ってみたい。

目次

第二部　永田町人物列伝

第三部　新聞記者見聞録

第一部　政局の人間模様

第一話　夜明けの二本足

総理が死んだよ

夜明けである。

廊下の足音が止まり、部屋の障子が静かに開いた。枕元から見上げると、つんつるてんの浴衣《ゆかた》。二本の足がにょっきり出ている。

「おい、総理が死んだよ」

声の主は中曽根康弘《なかそねやすひろ》氏である。

寝床でその声を聞いたのは三人の記者だった。毎日新聞の松田喬和《まつだたかかず》氏（現特別顧問）、産経新聞の熊坂隆光《くまさかたかみつ》氏（現会長）、そして日本経済新聞の岡崎守恭《おかざきもりやす》（筆者）である。

「いま宇野《うの》から連絡があった」

中曽根派に属する宇野宗佑《そうすけ》行政管理庁長官が東京・虎の門病院に入院中の大平正芳《おおひらまさよし》首相が死去した情報を入手、親分の中曽根氏に通報してきたのである。

「こういうことはさすがに宇野はしっかりしている」

自民党内では大平氏と福田赳夫《ふくだたけお》氏の怨念による抗争が年中行事のように繰り返され、ついには三木武夫《みきたけお》、福田、中曽根派、いわゆる「三福中」連合の造反で野党が提出した内閣不信任案が可決、大平氏はこれに対抗して衆院解散に踏み切り、史上初の衆参同日選挙に突入していた。

不信任案の可決は「三福中」派の多くが衆院本会議場に入らず、賛成の野党の票に及ばなかったからである。

議場を見下ろすひな壇の大平氏の隣には竹下登《たけしたのぼる》蔵相が座っていた。自民党の空席がいつまでも埋まらない。採決の時間が迫り、このままでは不信任案が通ってしまう。

国会運営の生き字引の竹下氏は奇策を思い浮かべる。ここで自分が席をはずしてしまえば、それを見た野党が不謹慎だと騒ぎ出し、時間稼ぎができるだろう。

そこに中曽根氏が議場に入ってくる。「裏切者!」の声を浴びながらも、反主流派の拠点を出て、「野党の不信任案に与《くみ》するわけにはいかない」と土壇場で席につく。

しかし逆に入っていた福田派のニューリーダー、安倍晋太郎《あべしんたろう》氏は福田氏の強い指示で議場から連れ出される。まさに〝連行〟される格好である。

安倍氏が出ていく姿を見て、竹下氏も「これで万事休す」とあきらめた。

中曽根氏は反主流派に与していたが、「最後の一線は越えなかった」という微妙な立ち位置で、同日選を迎え、その遊説の途次、福井・芦原《あわら》温泉の旅館に投宿していたのである。

電話はちょっと待て

同日選は同じ投票日に向け、まず参院選、次いで衆院選の順で始まる。

一九八〇（昭和五五）年五月三〇日、皮切りの参院選の公示日、東京・新宿での「第一声」を終えて大平氏は自民党本部に戻ってきた。

ところが昼食に用意されていた二段重ねの出雲蕎麦にほとんど口をつけようとしない。おしぼりで拭いても拭いても汗が引かない。やがてスーツの上着だけでなく、ズボンも脱ぎ、ステテコ姿になって、ソファーに横になってしまった。

遊説への出発の時間が迫り、汗が染みついたままの背広に袖を通して、また党本部を出る。横浜で追いかけるように届けられた背広に着替え、何とか予定された遊説の日程を全てこなした。途中、好物のコーヒーとドーナツが差し入れられたが、コーヒーを一口、すすっただけだったという。

夕刻、私邸に待機していたかかりつけの医師が心電図をとり、異変がはっきりする。深夜、新聞社の最終版の締め切りが過ぎるころを見計らって、ひそかに寝台付きの車を用意し、虎の門病院に入院した。その日から大平氏はずっと病床にいた。

さすがにベネチア・サミット（先進国首脳会議）への出席にはノーの診断が出たが、大平氏の容態は安定が伝えられていた。内閣記者会の代表と病室で会ったり、六月一一日には桜内義雄《さくらうちよしお》幹事長、塩崎潤《しおざきじゅん》総務局長を呼び、選挙情勢の報告を受けたりもした。

しかし時計の針が回って、にわかに病状は急変し、一二日午前五時五四分、心筋梗塞による急性心不全で七〇歳の生涯を閉じた。

現職の総理の死という中曽根氏の言葉を聞き、三人の記者は眠気も吹き飛び、床の間にある旅館の内線電話に飛びつこうとした。当時はポケットベルさえ普及しておらず、いわんや携帯電話などはなかった。

すると中曽根氏が「オイオイ、まだ内報の段階だから。東京への連絡は待ってくれ」と慌てて止めた。三人は「わかりました」と声をそろえ、布団に腰を下ろした。

が、中曽根氏が障子を閉めて自分の部屋に戻ったとたん、床の間に手を伸ばす、隣の部

中曽根康弘

屋に駆け込む、帳場に走るの三手に分かれ、それぞれ電話を確保して一斉に東京に連絡したのは言うまでもない。三社ともこれが大平氏死去の第一報となった。

領袖のみが知ると涙

当然のことながら、「総理の病状」に関してはあれこれ憶測が飛び交っていた。

大平氏の率いる宏池《こうち》会《かい》（大平派）の実力者が「ポスト大平は暫定政権」を口にし、「俺がまだ健在なのに。腹黒い奴がいる」と大平氏が激怒したとの噂も流れていた。

中曽根氏は前夜、この話を聞かれ「その人はわかっていない。大平さんは元気だよ」と自信たっぷりに語っていた。建て前や気配りではなく、本当にそう思っていたのだろう。だから宇野氏からの連絡は中曽根氏にとっても予期せぬ驚きだった。

大体、中曽根氏は大事なことをずっと胸に秘めて黙っていることができるというのが〝特技〟で、自分から情報を記者に教えてくれるような政治家ではない。ましてや総理の死などという重要な事柄をわざわざ伝えに来るなどということはあり得ない。が、この時はポスト大平の最右翼に位置していたこともあって、突然の展開にさすがに心のざわめきを抑えきれなかったのではないか。だからついつい記者の部屋に足を運んでしまった。口に出してしまってから、すぐにこれはまずいと思ったのだろう。

東京に戻らなければならない。早朝でチケットがあるかどうかもわからないが、ともかく小松空港に急行する。

中曽根氏の車も同行の記者団を乗せたマイクロバスも猛スピードである。ベルトをするのを忘れた記者もいる。みんな中曽根派の担当だから、気分も高揚している。「これは秀《ひで》吉《よし》の中国大返《おおがえ》しだ」との声も出る。

小松空港に着くと、長野県選出の下条進一郎《しもじょうしんいちろう》参院議員と出くわす。下条氏が持っていたチケットを譲ってもらって、記者団の一部も第一便の飛行機に飛び乗る。羽田空港から虎の門病院へ。筆者は運よくというより、半ば強引に中曽根氏の車に羽田空港から「ハコ乗り」(同乗して取材すること)することができた。

大平氏の遺体と対面した政治家の振る舞いについては明らかに虚実の虚なのだが、なるほどと思わせる伝説がある。

大平氏を攻撃していた「三福中」のうち、福田氏は遺体を直視できず顔をそむけた、三木氏は顔を近づけて本当に息をしていないか確かめた……。

実際のところは福田氏は遺体の前まで行って手を合わせ、顔を見つめたが、三木氏は病室の入り口のところでたたらを踏むような格好をして、ついに中に入ることができなかった。入り口で手を合わせ、そのまま帰っていったという。

中曽根氏はどうだったか。遺体との対面を終えて、車に戻ってくると、シートに腰を下ろすなり、瞼《まぶた》を両手で覆った。号泣と言ってもいいほどだった。

対立こそしていたが、領袖《りようしゆう》として同じ立場にあった政治家の生涯への思いがあふれたのだろう。「派閥を率いている人間にしかわからないことがある」と一言だけ。

車は首相官邸へ向かい、伊東正義《いとうまさよし》官房長官に会う。伊東氏は病床にあって大平氏が不信任案の採決に触れ、「中曽根君が入ってきた時くらいうれしいことはなかった。恩義は忘れないよ」と言っていたことを伝えた。中曽根氏の眼は真っ赤である。

その足で今度は自民党本部へ向かい、開会中の総務会に飛び込み、「さあ弔い合戦だ」と選挙戦での結束を訴えた。

中曽根氏は大平氏との関係について「自分は大平さんを対岸で見ていて、一緒の岸にいたことはあまりない。ただ大平さんは求道者であり、素質としては自分にも似たものがあった」と振り返っている。

遺産相続は通夜の晩

その後、ポスト大平の観測がかまびすしい中で、中曽根氏は一貫して「今は喪中である」として、政局に関する発言や行動を封印した。

これは中曽根氏の偽らざる姿勢であったかも知れないが、ものほしげなところをおくびにも出さない、それが同時に戦略だったとも言える。

ところが中曽根氏が「喪中」と言っている間に、大平氏側近の田中六助《たなかろくすけ》氏が奔走し、どんどん外堀は埋まり、後継は同じ宏池会の代貸しだった鈴木善幸《すずきぜんこう》氏にという流れが加速していく。

ある朝、中曽根氏は東京・目白の私邸を出ると、突然、上野駅に向かい、上越線の特急で地元の高崎に行ってしまった。群馬県知事選の応援ということで、永田町を離れたのである。

このころはもう新聞に「後継は鈴木善幸氏が有力」との見出しが躍っていた。しかし中曽根氏は街頭演説で「永田町は五里霧中」と繰り返した。

事務所で昼の弁当をつつく。大好きな卵焼きを最後までとっておくいつもの食べ方である。

「まだ五里霧中ですか」と聞いた。返ってきた答えは「地元は期待してくれているからね。ああ言わざるを得ない」というものだった。ついに鈴木後継を中曽根氏も認めたのである。

同日選は衆参両院とも自民党が圧勝。七月一五日に開いた党大会に代わる両院議員総会で鈴木氏が正式に新総裁に選出された。

これに先立つ七月七日の最高顧問会議。総裁選びについて意見を聞くという趣旨だが、もう〝儀式〟に過ぎなかった。昼食をとりながら、前尾《まえお》繁三郎《しげさぶろう》元衆院議長が西村英一《にしむらえいいち》副総裁の方を向いてつぶやいた。「何か幕が開かないうちに芝居が終わった感じだねえ」。

まさにその通りの展開だった。この言葉はしばし永田町の流行語になった。

中曽根氏は何もしないうちにあれよあれよという間に政権をさらわれた。土俵にも上がらないうちの完全な不戦敗である。

両院総会の会場で中曽根氏は六助氏に声をかけた。

「喪中、喪中と言っているうちに六さんにやられたなあ」

澄ました顔で六助氏は答えた。

「中曽根先生、遺産相続は通夜の晩にやるもんですよ」

悔しさを嚙みしめながらも、中曽根氏はこれで親密ではなかった六助氏の力量を十二分に知る。

「昨日の敵は今日の友」を地で行って、やがて六助氏が中曽根氏の最強の防波堤となって、中曽根政権を支えることになるとはこの時は誰も思いもよらなかった。

第二話　六さんの八面六臂

大関の後に横綱

中曽根康弘氏は新たに誕生した鈴木善幸内閣の組閣では蔵相を希望する。

しかしそのポストは中曽根派に属しながら造反して大平正芳氏を支持し、独立を図っていた渡辺美智雄《わたなべみちお》氏に割り振られた。蔵相になれないのはともかく、そこに渡辺氏をあてるとは、よりにもよってである。

そのうえ自らは経済企画庁長官になった河本敏夫《こうもととしお》氏との「同格処遇」の名分のもとに、格下の行政管理庁長官に押し込められる。しかも行管庁長官は子分の宇野氏の後釜である。宇野氏は「大関の後には横綱が出る」と気遣った。

中曽根氏は「この局面の政治判断は入閣するかしないかであって、どのポストならいいとか悪いとかではない」と割り切っていたが、二重の屈辱にまみれたのはまちがいない。

関西で言う「いけず」をやられて、忠誠の踏み絵を踏まされたのである。

が、この忍耐が明日につながる。

この頃、中曽根氏がつくった句は、

俗論は　潮騒のごと　雲の峰

心に染まなかった行管庁長官というポストを逆に生かし、第二次臨時行政調査会、いわゆる「土光《どこう》臨調」という大舞台をつくり、「行革三昧《ざんまい》」を唱えて鈴木氏を支える。その結果、大方の観測に反して一期だけで退陣した鈴木氏から事実上の禅譲を受けて、総裁予備選でも圧勝、二年後に政権の座につく。

鈴木氏への気配りは徹底しており、後に「私が総理に就任した時、日米関係は閉塞状態にあった」とやって、鈴木氏の怒りを買ったが、そんな思いはおくびにも出さない。それどころか外国の要人と英語で会話しているところを撮影されるのも断った。鈴木氏と違った〝格好よさ〟を出さないようにしたのである。

小回りが利くといった評価にとどまっていた六助氏もより高い地位を窺《うかが》う足場を築きつつあった。ポスト大平でその実力を認識した中曽根氏。二人は誼《よしみ》を通じる。

「率直に言うと、私はもともと中曽根さんが好きではなかった。嫌いだったといった方が当たっているかも知れない」と六助氏は述懐した。しかし六助氏も宏池会の中ではプリンスの宮澤喜一《みやざわきいち》氏と「一六戦争」といわれる競争を繰り広げている立場だった。自分の明日を誰にかけるか。鈴木氏の意向もあって、それは中曽根氏だった。

ポスト大平で鈴木氏を推したのは「和」が日本の政治に求められていた時だからで、次のポスト鈴木は難局を切り拓き、新しい時代へとつなぐ果敢な指導者が必要であり、それには中曽根氏がふさわしいというのが転換への六助氏の名分となった。

大平内閣不信任案の採決の時にぎりぎりの滑り込みで本会議場に入っていたことも効いてくる。田中、鈴木、中曽根の三派連合への道筋がついた。

こうして中曽根内閣ができると、六助氏を政調会長に留め、やがて党務の要の幹事長に据えて、最強の補佐役とするのである。

角栄辞職ならず

六助氏の活躍はまさに八面六臂《はちめんろっぴ》だった。

中曽根氏は在任中、大きく言って二回、九死に一生を得たが、いずれも六助氏に助けられた。まずは「新自由クラブとの連立」、次は「二《に》階堂《かいどう》擁立劇」である。

八三（昭和五八）年一〇月、東京地裁はロッキード事件で田中角栄《たなかかくえい》氏に実刑の有罪判決を下した。それ以降、角栄氏が議員辞職するのかどうかが政局の最大の焦点になる。

六助氏は中曽根氏から胸の内を聞いてくれないかとの依頼を受けて、東京・目白の私邸に籠もっている角栄氏に会おうとする。

報道陣の目をくぐってどうやって入るか。ここで奇策を思いつく。裏門からではなく、正門から行くのである。それも宅配便の軽トラックで。荷台でレインコートをまとった六助氏は息を殺して、玄関にたどりついた。

田中六助

中曽根氏も角栄氏に窮状を訴える手紙を送る。
「国を救い、党を救い、内閣を救うために、ここ一ヵ月、バッヂを外していただき、この危局を救い、選挙に圧勝するために、ご無理を承知でお願い申し上げるわけにはいきますまいか」
「今や大兄と小生は共生同死、然も日本の命運がかかっております」
「小生の涙は偽りや便宜の涙ではありません。

小生の大兄に対する信頼は天地天明に誓って真情であります」（以上、原文のまま）

この手紙を角栄氏は読んだ。しかし拒否の返事は書きにくい。そこで手紙を託された秘書の佐藤昭子《さとうあきこ》氏が議員辞職の気がさらさらない角栄氏に渡しても、血圧を上げるだけですという理由を付けて、「田中には見せません」と中曽根氏に戻した。

こうしてけじめとしての角栄氏の議員辞職は実現せず、そのまま年末の総選挙に突入、予想通り自民党は敗北する。追加公認を含めて過半数は維持したものの、予算委員会の与野党逆転を余儀なくされた。

角栄氏だけが二二万七六一票を獲得して圧勝した。

投票日の翌日から六助氏は一気に動き、電光石火の早業、荒業で新自クとの連立を実現、政局の安定につなげる。

原稿なし、気迫の代表質問

が、その六助氏との別れの時期もそう遠くはなかった。

六助氏は持病の糖尿病による白内障の悪化によって、視力をほとんど失ってしまう。

八二（昭和五七）年一月、通常国会で鈴木政権の政調会長として代表質問に立ったが、議場から見ても分かるほどの大きな文字で巻紙に原稿を書いて臨み、それでも読めないところが出た。驚きと同時に、嘲笑も漏れた。

六助氏は原稿に頼ったのは自分の志の低さを示すものだったと反省し、覚悟を固める。翌年の通常国会では中曽根政権の政調会長として再び登壇し、今度は全くの原稿なしで三〇分近い長い代表質問をこなした。

議場はその気迫に圧倒される。

「私は〝おしゃべり六助〟という異名をとっております。総理の舌も時々、非常に滑らかで、国民は大いに困惑する時があると思います。しかし総理の情熱、判断力、決断力、洞察力、これは誰よりも優れたものをお持ちです。門出に当たってますますご精進あらんことを」と結ぶと、議場は万雷の拍手で応えた。その拍手は自民党だけではなかった。

ちなみに二〇年以上たった二〇〇四(平成一六)年の通常国会で、民主党代表の菅直人《かんなおと》氏が同様に三〇分を超える原稿なしの代表質問で小泉純一郎《こいずみじゅんいちろう》首相に挑んだ。

菅氏は六助氏のこの代表質問を若手議員として目の当たりにしており、それに触発されたことは間違いない。

八四（昭和五九）年夏、幹事長になっていた六助氏は東京女子医大病院で病床につく。

中曽根氏から巻紙で見舞いの手紙が届く。

「正直に申して他人様のことでこんなに心配したことはございません。中曽根政権樹立以来のご苦労が重なって、私も大変責任を感じています。党の運営は全く現状がベストで全然変える考えはありません。糖尿病系は神経戦の病気で気力と忍耐が大切です。ご自愛ください」（抜粋）

六助氏は自分を気遣って党三役を替えるつもりはないと言ってくれた中曽根氏に感謝しつつも、万一の場合は総務会長の金丸信《かねまるしん》氏に頼もうと病床から不穏な空気を感じつつ、政局を見つめる。

予感は当たり、秋には中曽根氏の総裁再選をめぐって、後ろ足で砂をかけられた思いを抑えきれない鈴木氏を軸に、長老グループと公明党、民社党首脳までも巻き込み、対抗馬として二階堂進《すすむ》副総裁を擁立する策謀が表面化する。

薄氷の中曽根再選は金丸氏によってもたらされたが、その金丸氏に行司役としての〝錦の御旗《みはた》〟を与えたのは六助氏の金丸氏への手紙である。

「中曽根総理・総裁に代わる党・政府の指導者を必要とする合理的根拠は乏しく、それをあえて強行することは、どう取り繕ったところで、国内的には殊更《ことさら》に派閥抗争の印象を与え、国際的にも不自然なこととみなされざるを得ません」

「我々が為《な》すべき貢献があるとすれば、政治の大道を踏み外すことのない先例を築いていくことであり、それは真に近代政党にふさわしい総裁決定のルールをルール通りに実践していくことに如《し》くはないと思われます」（一部省略）

金丸氏はこの手紙を公開し、長老グループを脅したり、すかしたりして抑え込む。

時に長老グループを応援する勢力を「今ごろなんだ。幼稚園じゃないぞ」と切って捨て、時に「総理に行き過ぎがあれば、たとえ野にあっても刺し違える」と殺し文句も吐く。

中曽根再選がなり、政局が落ち着いた頃、中曽根氏が軽井沢の紅葉の小枝を持って六助氏の見舞いに来た。

その「赤」を見ながら六助氏が詠んだ句である。

野分去り　澄わたりたり　茜燃ゆ

間もなく死期が迫り、中曽根氏に『保守本流の直言』と題した著書と遺言を記した封書を残した。

この遺書は中曽根氏の手元に今もある。

内容は明らかにされていないが、その後の中曽根氏の動きから推測すると、保守本流としての政治哲学に加え、カネの使い方をはじめ、いろいろと面倒なところも多いが、自分の後の幹事長は金丸氏にして、代わりに頼るべき存在にしたらいいといった具体的な進言も記されていたと思われる。

金丸氏の自民党のドンへの道はここから始まる。

六助氏の『保守本流の直言』は八五（昭和六〇）年一月二五日に刊行、直後の三一日に死去する。序章は「いま、なぜ中曽根か」である。

旧改進党の出身ということで、「保守傍流」と言われ続けてきた中曽根氏。六助氏は「吉田茂さんから続く保守本流の政治は、自民党政権の主流を貫いて、いま中曽根総理によって受け継がれている」と書いた。

中曽根氏は後に六助氏と、ずっと応援してくれたテレビ朝日専務だった三浦甲子二《みうらきねじ》氏の名前を挙げ、「政治の海を渡ってきた中で、無限の友情を注いでくれ、逝った二人のことが忘れられない」と深甚たる感謝の念を捧げている。

価値ある骨董品

その中曽根氏は二〇〇三（平成一五）年、小泉純一郎首相に「衆院北関東ブロック比例代表終身一位」という約束を反故《ほご》にされ、国会議員からの引退を迫られる。

中曽根氏は激高し、「政治的テロだ」とはねつける。

しかし公認の定年制の原則を貫こうとする小泉氏の決意は揺るがない。衆院選の公示日の前日、安倍晋三《あべしんぞう》幹事長が名代で再度、懇請する。中曽根氏は長い沈黙の後、「君も貧乏くじを引いたな。自分も党員である以上、協力していきたい」と肯《がえ》んじたのである。

小泉氏の言動には当たりはずれが多いが、この時、中曽根氏を説得するために使った見立ては正しかった。それは「中曽根先生はバッジをつけていようがいまいが、政治的な発信力は少しも変わりませんよ」というものだった。

実際にその通りだった。それどころか、自民党や国会議員という一種の〝生臭さ〟が消えて、「最良のご意見番」になった。発信力はむしろ増大したのである。まさに「大勲位」にふさわしい存在になっていく。

それを可能にしたのは健康から読書まで、あらゆる分野でのたゆまぬ精進だった。よく揮毫《きごう》していた「限りある命ゆえ命の限り」を地でいったのである。

首相の座を降りてから自らを「歴史法廷の被告」と言うようになった。天は中曽根氏の努力に長命で報い、この法廷での十分な陳述の時間を与え、多くの著作が残った。

二〇一八（平成三〇）年五月二七日。かつての海軍記念日には一〇〇歳になった。

衆院議長を務めた伊吹文明《いぶきぶんめい》氏は「皇寿」を勧めている。「皇」の字は「白」と「王」に分けられる。白は白寿で九九歳。王は分解すると「十」と「二」で、これを合計すると、一一一歳というわけである。

長く秘書として寄り添った上和田義彦《かみわだよしひこ》氏が望んだように、中曽根氏は価値のある「よき骨董品《こっとう》」になった。

形あるうちに一目、見ておこうと、なお門前は市をなしている。

埋もれ火は　赫《あか》く冴えたる　ままにして

第三話　角栄邸の正月

言ったとたんに後回し

一昔前の元日、自民党の国会議員はまず皇居、次に党本部、そして首相公邸、最後に自分の所属する派閥の領袖の私邸という順番で新年祝賀会に顔を出すのが定番だった。

最近まで小沢一郎《おざわいちろう》氏の自宅の新年会が話題になっていたが、今は領袖という名にふさわしい親分もいないし、面倒臭がって家族とホテルにこもったりしてしまい、どれだけ年始客を集めるかを競った時代は終わった。

一九八五（昭和六〇）年一月一日。田中角栄氏の私邸、世に言う「目白御殿」は例年にも増して年始客であふれていた。

田中派の人数は膨れ上がり、「自民党の周辺居住者」とうそぶく闇将軍は表面上、絶頂を迎えていた。

田中家の書生だった人が「『来る者は拒まず』が凝縮された千客万来の元旦」と評しているが、まったくその通りの光景だった。

大皿に稲荷ずしと、ぶり大根、ソーセージが山盛り。生寿司なんかすぐにパサパサになって食えたもんじゃない、その点、稲荷ずしはいつまでもしっとりしている、鯛なんて正月はどこへ行ってもあるし、見るだけで誰も手をつけないじゃないかという田中氏の振る舞い哲学を反映した料理である。

田中派だけでなく、まさに超派閥。満堂の国会議員らを前に、促されて角栄氏は立ち上がった。

「アーッ、沈黙は金。正月に料理を前にして長くしゃべるのは馬鹿だ」とつぶやきながら「『謹賀新年、正月元旦』とだけ言っておけばいいんだ」と一言。マイクを「オーイ、竹下君」と竹下登蔵相に渡した。

竹下氏はいつもの真面目とおとぼけが同居しているような顔で、「さきほど宮中で安倍(晋太郎)外務大臣と並んで陛下のお出ましを待っていましたら、後ろの山口《やまぐち》(敏夫《としお》)労働大臣から『次ねらう大臣《おとど》二人の揃い踏み』と言われましたので、『言ったとたんに後回し』と返しておきました」。

年始客はどっと沸いた。

田中氏が竹下氏の政権への意欲を抑え込み、「俺がもう一度、やってからやれ」と思っていたこと、これに対し竹下氏が後に竹下派となる「創政会《そうせいかい》」の設立を胸に秘めていたことは今となっては誰でも知っている。

が、この時点ではまだ水面下のうごめきだった。竹下氏の挨拶は突然、指名されたにもかかわらず、まさに意味深長で、秘めた凄みがある。

ただ竹下氏はちょっと行き過ぎたかなと思ったふしがある。この後、この〝名句〟が話題になると、「次ねらう」のくだりを「次を待つ」とトーンダウンしていた。この緻密さも竹下氏である。

田中角栄

一月二四日。ホテルニューオータニで田中派の新年会。

田中氏は勧められて「湯島の白梅」を歌った。演説はダミ声、得意は浪花節《なにわぶし》だが、細く切ない歌声である。

次はまたも竹下氏。佐藤栄作《さとうえいさく》首相の下で官房副長官、官房長官を務めた若き時代によく歌った十八番《おはこ》、ズンドコ節を久しぶりに披露した。

講和の条約　吉田で暮れて
日ソ協定　鳩山さんで
今じゃ佐藤さんで　沖縄返還
一〇年たったら竹下さん

この場面を描いたどの本でもこの歌詞が紹介されている。確かにこれが〝元歌〟である。実際はこの日、竹下氏は一節だけ違うバージョンで歌った。「今じゃ佐藤さんで　沖縄返還」のところを「今じゃ角さんで　列島改造」と変えたのである。

この前日に、永田町からちょっと離れ、知り合いと顔を合わせない東京・築地の料亭「桂」で、「創政会」の秘密準備会が開かれていた。金丸信氏が「血盟の誓い」を口にし、竹下氏も「竹下登のすべてを燃焼し尽くす」と顔を紅潮させていたのである。

ズンドコ節でわざわざ田中氏の名前を出したのは、同席している田中氏への気配りと聞こえたが、そうではなく、「田中から竹下へ」への決意をにじませたのである。

実際、田中内閣から一〇年以上が経過していた。会場にいた同志の一部にだけはわかり、オヤジにばれるのではないかとヒヤヒヤしたという。

「桂」で「創政会」旗揚げの初めての密議があったのが一ヵ月前の一二月二五日。その流れが元日の挨拶。次いで一月二三日の秘密準備会を経て、口にしたのが翌日の新年会での歌詞。

竹下氏の決意の高まりと状況の進展が竹下流で示されていたことが今となればはっきりとわかる。

世代交代は革命だ

この頃、竹下邸では秘書の間で「四人組」といわれる担当記者がいた。TBSの田中良紹《たなかよしつぐ》氏(元シー・ネット社長)、共同通信の後藤謙次《ごとうけんじ》氏(現政治キャスター)、産経新聞の中司宏《なかつかひろし》氏(現大阪府議)、それに筆者である。

時計の針を巻き戻したクリスマスイヴの一二月二四日、四人組は蔵相として予算編成を終えた竹下氏に「フグでも食おうか」と声をかけられた。さすがにフグの店はどこもいっぱいで、ホテルニューオータニのスポーツクラブ、ゴールデンスパのダイニングで懇談した。

それまでも新年の抱負を聞かれると、「大蔵大臣をやめること」と言っていた竹下氏だが、ここでは「あと五年で燃焼し尽くして、亘《わたる》（異母弟、元党総務会長）に譲る」「六五歳までにすべてを終える」と特に明瞭に発言した。

この時、竹下氏は間もなく年を加える六〇歳。一年半後の中曽根康弘首相の総裁任期切れをにらんで、新年から政権取りに本格的に動き出すということになる。「創政会」への決意の吐露はここから始まっている。

年が明けて一月二八日、創政会の発足が表面化する。

不思議なことに、竹下邸の四人組のうち、三人は田中氏とも定期的に会っている角栄邸の「三人組」でもあった。

翌二九日、目白の門をくぐって待っていると、「馬鹿野郎！」という田中氏の怒鳴り声が響き渡った。やがて渡部恒三《わたなべこうぞう》氏（元衆院副議長）が真っ青な顔をして出てきた。

渡部氏は後に竹下派七奉行の一人とされるが、創政会の第一次募集組といわれる二四人の中には入っていない。「彼は口が軽いから入れない方がいい」という声があり、はずされていたのである。

どうやらその焦りと怒りもあり、田中氏と創政会の融和を図ろうとしたのか、自分も勉強会をつくって、創政会の存在を薄める構想を伝え、田中氏の娘婿（眞紀子《まきこ》氏の夫）の直紀《なおき》氏も創政会に入れてしまえばいいなどと進言したらしい。

これが田中氏の逆鱗《げきりん》に触れ「余計なことを言うな！」と面罵されたのである。

やがて朝からの来客の応対も終わり、三人組が呼ばれた。

実はこの懇談、名物かつ実力秘書の早坂茂三《はやさかしげぞう》氏から「創政会や竹下さんのことをオヤジに話してやってくれ」と言われていた。そこで我々は「創政会は……」「竹下さんは……」と切り出すのだが、田中氏がすぐ話をさえぎって、しゃべらせない。

「世代交代は革命だ。保守党の中の革命だ。革命は成功しない。これからよく見ていろ」

「昭和二二年に初当選したのはオレと中曽根、二四年は官僚で池田《いけだ》、佐藤、二七年は福田、大平が出た。あとは三〇年以降で、それ以前とは大学生と中学生だ」

「選挙をやればうちは一五〇人になる。そうしたら一〇人ずつ一五グループに分けて、二階堂も江崎《えさき》も田村もみんなグループを持てばいい。オレ？　オレは共産党以外と他の政党をつくるよ」

我々はまた「竹下さんは……」と口をはさむが、田中氏は「アー、竹下、金丸で政治が動いているのではないよ、長岡《ながおか》（実《みのる》、当時の大蔵省人脈のドン）だって誰だって、みんなここに来るんだ」。竹下氏の名前が出たのは一時間半の中でこれだけだった。

娘がもう一人いれば

膨大な議員立法を通した田中氏。政争での腕っぷしの強さが喧伝《けんでん》されているが、実は満々たる自信をもっていたのは政策を発想し、立案し、実現する力である。

議員立法の話は大好きだし、自慢げでもあった。

「役人は発想が法律の枠内でしかできないように教育されている。だから言ってやるんだ。法律が邪魔をしているなら、新しい法律をつくればいいじゃないか」

「政治家は法律をつくるのが仕事。それを生かすのが役人の仕事だ。政治家である田中の一番の誇りは総理大臣をやったことでも、外交で成果を挙げたことでもなく、国民生活のためにつくった議員立法の数だ」

ニューリーダーだとかなんだとか言っても、政策ですら俺を乗り越えていないじゃないかという思いがひしひしと伝わってくる。

この頃、竹下氏が唱えようとしていたのは「日本列島ふるさと論」である。のちに「私が列島ふるさと論を考えたのは田中先生の日本列島改造論の序文にその考え方がつぶさに表れており、改造論の中にどうロマンを持たせるかを基調にしたかったからだ」と解説したことがある。

もちろんネーミングも含めて、田中氏の「列島改造論」に気を遣っての「列島ふるさと論」である。が、田中氏にしてみれば逆にこれを「何だ俺の亜流じゃないか、まだまだ俺の立ち位置にも届いていない」と思った。この場合、竹下氏の気配りは完全な逆効果になっていた。

うな重にドバッと醤油をかけ、アルコールをあおりながらの昼食。ウイスキーのオールドパーが田中氏のトレードマークだが、この時はブランデーのレミーマルタンをロックにしてがぶ飲みしていた。

が、それほど酔っていない。過激な言葉も出るが、口調は穏やかだった。

最後に立ち上がった田中氏は我々を指さし、「お前たちはいい男だ。俺に娘がもう一人いればその婿にしたいくらいだ。しかしお前たちの心の奥まではわからない。毎日でも通って来い。俺が試してやる」。

目がうるんでいる。こう言い残して、母屋《おもや》に引き上げていった。これが我々が田中氏の肉声をつばがかかるような距離で聞き、その姿を間近で見た最後である。

賢者は聞く、愚者は語る

二月二五日、東京プリンスホテルで羽田孜《はたつとむ》氏の励ます会。羽田氏は小沢一郎、梶山静六《かじやませいろく》氏と並ぶ創政会の中核メンバーの一人だが、初会合後は対決と修復が交錯する複雑な駆け引きが続いていた。一週間前にはこの三人が目白を訪ねており、羽田氏は「オヤジは家を飛び出した子供が帰ってきたように思ったんじゃないかな」と気遣い、田中氏も来賓として羽田氏のパーティーに顔を出す。その挨拶――。

「世代交代で田中もどうだ、という声がないわけではない。が、召される時は神様が否応なく引っ張っていくので心配することはない」

帰りがけには「二階堂君は水割り一杯、金丸幹事長は二杯、オレは四杯、年の順だ」と若さを強調した。

二六日、田中派内の融和のために、東京・赤坂の料亭「川崎」でベテランが多い閣僚経験者による「さかえ会」。参加者のほとんどは創政会に入っていない。竹下氏も有資格者だが、欠席した。

「親衛隊をみんな持っていかれてしまった」

子飼いと思っていた面々がごそっと創政会に行ってしまって、憤慨しつつも寂しかった田中氏は身内の激励を受けてうれしかった。帰途につくべく言い残した言葉。

「愚者は語る、賢者は聞く。これからは賢者でいく。いつでも何でも話しに来てくれ」

二七日、角栄氏は脳梗塞で倒れ、東京逓信病院に入院。

本当に言葉を失ってしまった。

五月初め、病状の深刻さが隠せなくなってきたころ、田中氏は病院にいないのではないか、目白の私邸に帰っているのではないかとの驚きの噂が広がる。

実際、娘の眞紀子さんが病院での治療の効果に業を煮やして、目白に連れ帰っていたのである。それでも公式には病院にいることになっており、見舞客も相変わらずで、早坂氏らが応対している。

ある夜、早坂氏が自宅で担当記者を前に、こんな噂が出ているが、どうしたらいいだろうと言う。

担当記者は早坂氏が田中家の意向に沿って、ずっと病院にいると頑として言い続けなければならないことを知っているから、「その線で貫けばいいじゃないですか」と口をそろえる。「忖度《そんたく》」したのである。

そんな中で共同通信の後藤氏だけが「どちらが田中先生の療養にとっていいのか、この一点だけで判断すればいいことでしょう」と言った。

一同、声もない。早坂氏の胸も打ったのだろう。

五月一一日、早坂氏と病院が「目白に在宅」と公表。その直前に田中家は早坂氏との「絶縁」を宣言する。

六月には東京・平河町のイトーピアビルにあった田中事務所を閉鎖、永田町での拠点を失う。「金庫番」の佐藤昭子秘書、早坂氏らは解雇される。

田中氏はそれから八年の歳月をずっと目白で過ごした。あとは一年に一つの動きを記述するのもやっとである。

八六（昭和六一）年七月　衆参同日選挙。一七万九〇六二票でトップ当選。

八七（昭和六二）年六月　新潟に里帰り。

八九（平成元）年一〇月　政界引退。

九二（平成四）年八月　日中国交正常化二〇周年で中国訪問。

九三（平成五）年七月　眞紀子氏の衆院選での当選のお礼を理由にお国入り。

九三年一二月一六日午後二時四分、甲状腺機能障害に肺炎を併発し死去。享年七五。
葬儀の前日、最高裁は田中氏の公訴を棄却した。

第四話　一〇年たっても竹下さん

田中角栄氏の退場に伴い、竹下登氏の時代がやってくる。

一九八五（昭和六〇）年二月七日、「創政会」が発足する。田中氏が病に倒れる二〇日前である。

創政、経世、総裁の三段飛び

その朝、四人組は竹下氏の自宅にいた。竹下氏が奥から現れ、ハイライトを手にした。「我々はあれこれ言う立場にはありませんが、しっかり見守っていきます」と話すと、竹下氏は黙って手を差し伸べ、一人ずつと握手、何も語らずにそのまま会場の砂防会館に向かった。

初会合の参加者が五〇人なら完勝、三〇人なら失敗と言われていた。三九人で参加者が止まる。三〇人台では印象が悪いなあとの声が出ているところへ寝坊した額賀《ぬかが》福志郎《ふくしろう》氏が遅れて飛び込んで来る。ちょうど四〇人である。ここから発した派閥は幾多の変遷を経て、「額賀派」と呼ばれた。

田中氏の酒量は一段と増えていく。私邸で空けるボトルは三日で一本だったが、この頃は一日で一本。千鳥足で平河町の事務所に出て、また濃い水割りをがぶ飲みする。止める秘書の佐藤昭子氏と口論になり、自分でグラスにどぼどぼと注いでいた。

この姿を見ていた眞紀子氏らは創政会のせいで田中氏が倒れたと思っているから、ニワトリが先か、タマゴが先かの話になるが、もし倒れてからなら逆に発足できなかっただろう。運もあったと多くが思った。

実際、第二回会合は延期となる。創政会は勉強会が名目だから、朝か昼である。しかし、この時は延期になったから勉強会ではないということで、代わりに同じメンバーで夜に赤坂の料亭「満《ま》ん賀《が》ん」に集まった。後見役の金丸信氏でさえ「より悪質だったのではないか」と眉をひそめたほどで、駆け引きはずっと続いた。

翌年の「死んだふり解散」での衆参同日選挙の後、第三次中曽根康弘内閣で竹下氏は幹事長、中曽根氏の総裁任期の一年延長を経て、八七（昭和六二）年七月、いよいよ正式な自前の派閥、「経世会《けいせいかい》」を旗揚げする。

経世会の名前はまだ発表されていなかったとはいえ、「〝竹下派〟結成大会」という露骨な大看板が掲げられた発会式に、田中派の八割を超す一一四人が参加し、二年半にわたる死闘の勝敗は決した。

自民党が派閥の連合体であったことは間違いないが、自分たちでは例えば田中派、福田派などとはあまり言わない。木曜クラブ、清和会《せいわかい》などと言うのである。この時は禅譲ではなく、新派閥の結成だったとはいえ、「竹下派」という大看板は異様だった。それだけ勝ち抜いたという高揚感と、待ちに待ったという爆発した思いがあふれている。

竹下登

一〇月に中曽根裁定で自民党総裁。

中曽根氏は「竹下君は創政、経世、総裁の三段飛びだったね」と金丸氏に言った。

竹下内閣は大平正芳内閣の一般消費税、中曽根内閣の売上税と挫折の歴史を繰り返していた消費税の導入をついに実現した。だから盤石な政権と見られていた。

が、これに渾身の力を振り絞ったせいか、その後はこれといった「政策の旗」を掲げられなかった。市区町村に使い道自由で一億円ずつを配った「ふるさと創生交付金」くらいしか記憶に残らない。

リクルート事件の嵐が吹き荒れる中で、昭和から平成への橋渡しを果たして五七六日で退陣した。

「歌手一年、総理二年の使い捨て」というのは竹下氏の口ぐせで、そうはならないぞと本人も周辺も信じて疑わなかったが、結局、この言葉通りに終わった。

使い捨てにはならぬ

しかしそれは在任期間だけの話で、「使い捨て」には決してならなかった。

その後も宇野宗佑、海部《かいふ》俊樹《としき》政権の誕生の際は明白なキングメーカーだったし、「平成の語り部」と称して橋本龍太郎《はしもとりゅうたろう》、小渕恵三《おぶちけいぞう》政権の知恵袋であり、精神安定剤だった。

当時、退陣後の中曽根氏も国際的な「球拾い」の役割を果たすと称して存在感を誇示していた。ところがロッキード事件の被告だった腹心の佐藤孝行《さとうこうこう》氏を橋本内閣に無理に押し込み、世論の猛反発で辞任という事態になって、自らも「謹慎」を余儀なくされる。

残ったのは「語り部」だった。

党首脳は「これで出雲大社の方が高崎神社より格が上であることがはっきりした」と評

した。中曽根氏の地元は高崎、竹下氏は出雲である。

面倒見のよさも相変わらずだった。

「創政会」の発足の前夜、竹下氏は安倍晋太郎氏から国会の廊下で一片の紙を手渡された。開くと安倍氏の地元、長州の高杉晋作《たかすぎしんさく》が好んだ都々逸《どどいつ》の文句が書いてあった。

　実があるなら今月今宵、一夜明くればだれも来る

これを見せられた梶山静六氏が付け加えた。

　行こか戻ろか迷うが坂よ　ままよ越えなきゃ夜が明けぬ

色紙に書き直してもらったくらい、当時の竹下氏には大きな心の支えとなった。病に伏したその盟友に政権をつなごうと、世代交代の歯車が回らない宇野、海部氏を自分の後継総裁に選んだことは誰もが知っている。

しかし安倍氏の命のろうそくはソ連のゴルバチョフ大統領が来日した際、病軀を押して

迎賓館を訪ね、最後の執念を見せて、燃え尽きる。

当然のことながら、後継は晋三氏である。竹下氏は東京・代沢《だいざわ》の自宅に山口県の有力な県議らを招く。

「晋三をしっかり頼む。オレのこの願い、この言葉は竹下のものであって、竹下のものではない。安倍の願い、安倍の言葉と思ってやってほしい」

こうして一九九三（平成五）年七月、晋三氏は国会議員としての一歩を踏み出すのである。

生涯助っ人の虚実

竹下氏の誕生日は二月二六日。自宅に家族、秘書官などを務めた官僚、親しい政治家などの「身内」が集まる。淡島交差点の近くで、口が堅いことから、「淡島に特ダネなし」といわれた佐藤栄作氏の旧邸である。もともと竹下氏は佐藤氏に官房副長官、官房長官として仕えた際、佐藤邸のすぐ近くに居を構えている。佐藤氏の寛子《ひろこ》夫人の希望もあって、当時は佐藤邸を借り受けていた。

姉で漫画家の影木栄貴《えいきえいき》、まだ小さかった弟のＤＡＩＧＯ。二人は元毎日新聞記者の内藤《ないとう》武宣《たけのぶ》氏と竹下氏の次女のまる子さんの子供である。影木栄貴はこの席で竹下氏に初めての原稿料を渡し、拍手喝采を浴びた。恐らく後でもらったお小遣いの方が多かっただろう。異色のゲストは歌手の徳永英明《とくながひであき》。隣に住んでいて「垣根を乗り越えてきました」と顔を出していた。

常連中の常連は作詞家の川内康範《かわうちこうはん》氏。国士をもって任じ、誕生日が竹下氏と同じという縁で、必ず岩手県の雫石から飛んできて、竹下氏と並んで床の間の前に座った。「月光仮面は誰でしょう」から「誰よりも君を愛す」まで幅広く作詞。余計な歌詞を加えて歌ったとして、あいつには自作の「おふくろさん」を歌わせないと森進一《もりしんいち》を一喝したことでも有名になった強面《こわもて》である。

その川内氏の書いた「生涯　助っ人」という色紙が竹下氏の書斎に飾ってあった。確かに竹下氏は「汗は自分でかきましょう、手柄は人にあげましょう」と嘯《うそぶ》きながら、自らのシナリオに沿って四方八方に手を打つことで政治を動かすことに喜びを感じていた。

が、常に黒衣《くろご》に徹していたわけではない。誰が汗をかいているかをはっきり知らしめることこそが、物事を進める起爆剤になった。本当にタッチしていないことでも、裏に竹下氏がいると噂されたことで解決に向かうことすらあった。
これみよがしに姿をみせないことで、逆に存在感を増す。かくして「竹下神話」は拡大していったのである。

本来は茶目っ気たっぷり

竹下氏の手法を典型的に表す言葉に「シンコクタイ」がある。「真国対」。すなわちこれが本当の国会対策という意味である。

重要な案件があるとする。これを通すために頑張ろうと大号令をかける。しかし竹下氏はそんなことは馬鹿でもできると大して評価しない。「真国対」は逆にその案件が重要だと思わせないことが要諦である。

知らないうちに十把ひとからげでスーッと通してしまう。あとから実は大変な案件だったとみんなが気付く。いったん導入が決まってしまってから、慌てて廃止したグリーンカード（少額貯蓄等利用者カード）がその代表である。

こうした手法が通用したのは「自社なれあい体制」という素地があり、竹下氏が本来、ネアカであったことが大きい。口ぐせは「説得しつつ推進し、推進しつつ説得する」。敵をつくらず、粘り強く、いわば茶目っ気たっぷりに根回しを浸透させていく。

ところが権力の頂点に立ち、「竹下派支配」が唱えられてからは献金疑惑のリクルート事件、皇民党のほめ殺し事件、金庫番の自殺といった陰の部分ばかりが前面に出てしまった。身内の抗争も激化し、「陰惨な政治」の印象を持たれてしまったのは悲劇だった。

九九（平成一一）年四月、竹下氏は変形性脊椎症で北里研究所病院に入院する。背中から腰の痛みと聞いて「麻雀のし過ぎじゃないか」と言う側近もいて、誰もが深刻には受け止めていなかった。

しかし入院は長引く。

二〇〇〇（平成一二）年四月、愛弟子の小渕首相が倒れるの報を聞く。気力も衰えたのか、五月一日に引退宣言。

五月一四日に小渕氏、六月一九日には竹下氏も死去する。享年七六。

竹下氏の命日は「六・一九」、衆院第二議員会館の事務所は「六一九」号室だった。数字をいつも口にしていた竹下氏。のちに家族は「パパは死ぬ日を自分で決めていた」と思った。

宰相の座を降りてから影響力をずっと保持して引退宣言まで一〇年の長きである。

「一〇年たったら竹下さん」と歌い、「一〇年たっても竹下さん」の生涯だった。

第五話　ドン金丸の「常識」

台所記者への道

一昔前、自民党の派閥記者には「玄関記者」「応接間記者」「居間記者」「台所記者」というランク付けがあった。

実力者と呼ばれる政治家の担当になると、その自宅へ毎日、「朝回り」する。夜は「夜回り」。いわゆる夜討ち朝駆けである。ここで顔と名前を憶えてもらい、昼間の記者会見などの公式な場では聞けない話を聞く。

最初のころは、来る日も来る日も政治家が自宅を出る際、玄関脇に立っていて「おはようございます。○○新聞の××です」と挨拶する。ほとんどはこの挨拶だけで終わる。これが「玄関記者」である。

そのうちに家の中に入れてやれということになる。複数の同業他社の記者と一緒だが、玄関から上がって応接間で待つことができる。政治家が出がけに顔を出し、少し質問ができる。「応接間記者」への昇格である。

が、しょせんは「自宅での記者会見」のようなもので、機微に触れた話はできない。ここまではこまめに顔を出してさえいればほとんどがなれる。

もっと努力と工夫を重ねて、だんだん親しくなって食い込んでいくと、今度は応接間より奥に進んで、居間で政治家が一人で新聞を広げているところなどに入り込める。サシで、つまり二人だけで言葉を交わせる。「居間記者」である。

究極はそのまま台所まで行って、勝手にご飯をよそって朝食を食べてしまう。もう奥さんやお手伝いさんともすっかり顔なじみ。これがゴールの「台所記者」である。

今は派閥の領袖などという存在も見当たらなくなったし、このような派閥記者の序列も目に見えてはなくなった。

こうした形態の最後は金丸信氏の自宅だったかも知れない。家に入れる記者と入れない記者、入ってもどこまでいけるかの区別が明白にあった。玄関のガードも浜田《はまだ》幸一《こういち》、鈴木《すずき》宗男《むねお》氏と〝強力〟だった。

金丸氏の台所の隣は食堂兼居間という形で、当時としては珍しい超大画面のテレビが備え付けられ、大きな九官鳥を飼っていた。この九官鳥が時折、甲高い声で「オハヨウ」とか、何と「カネマルシン」と言うので、慣れていない人はびっくりする。

金丸氏は出がけに多くの記者に囲まれると「こんなところに来ても意味ないぞ。一郎(小沢一郎氏)のところへ行った方がいいんじゃないか」などとよく言った。しかしぐるりと見回して、どの記者がいて、どの記者がいないかをよく見ていた。「朝露踏んで来る記者とそうじゃない記者を一緒にするなんてことはありっかねえ」とも漏らしていた。

記者の名前もすぐ憶えた。しかもどの記者が何を取材しているかをよく頭に入れており、頑張っていることがわかると、他社がたまたまそのテーマを聞いてもあえて答えず、きちんとその記者がねらっているネタをくれた。だから人気があった。風貌も物腰も言葉も面白かった。

当時、金丸氏は田中派の幹部であり、可愛がっていた鈴木宗男氏は無派閥。鈴木氏の北海道の選挙区にはれっきとした北村義和《きたむらよしかず》、次いで直人《なおと》氏という父子二代の田中派の衆院議員がいた。しかし金丸氏は「特に挨拶もないし、そんな人は知らない」ととぼけて、鈴木氏の選挙区に平気で応援に行ったりもしていた。これは派閥ではまさにタブー中のタブーである。

その鈴木氏の地元で高速道路建設促進の決起大会が開かれた。建設族の実力者である金丸氏を東京から中標津《なかしべつ》空港を経由して会場まで引っ張り出したのはよかったが、そこでの金丸氏の挨拶は「空港からここまで道はまっすぐで信号もない。スイスイだ。そうなると高速道路が本当にいるのかという考えもないわけではない」。会場から笑いは出るが、拍手はない。みんなきょとんとしている。

鈴木氏はあわてにあわてて「この道路だと冬になると雪が積もって一〇メートルも進めない。救急車も通れず命を落とすこともある」と懸命にリカバーした。金丸氏も「金があって、選挙で丸がついて、信用もある。これをつなげた名前の金丸信がここまで来たことに意味がある」とフォロー、実際、予算獲得へ確かに意味があったらしい。

金丸信

握るところがない

「金丸英語」も有名になった。

地元の山梨県に林立する「『バラバラ』アンテナ」、実験線の建設が進んでいた「『リビア』モーターカー」などは単なる言い間違いだが、本質を衝《つ》いたものもある。代表格が「『ビッグ』サービス」である。

一九八四（昭和五九）年一〇月、中曽根康弘内閣の自民党三役人事で金丸氏が幹事長に抜擢された時のことである。金丸氏の親分の田中角栄氏はコントロールがしにくい金丸氏を幹事長にしたくなかった。金丸氏は世代交代を唱え、次をねらう竹下登氏の後見人。田中派と言っても「両刃《もろは》の剣」の心配もある。

以前、角栄氏から「金丸君、次の総選挙の後、君は衆院議長だな」と言われて「議長は神棚のダルマですね。私はいらないですよ」と答えてもいた。角栄氏の意中の人は腹心中の腹心の小沢辰男《おざわたつお》氏だった。

人事の大詰めの局面で、読売新聞朝刊の一面トップに「幹事長に小沢辰氏有力」という大見出しが躍った。読売新聞の取材力はすごい。これだけ大きく扱うからにはよほどの自信があるのだろう。他社は抜かれたかと青ざめた。

ところが、「どうですか、どうですか」と詰め寄る記者の前で、おもむろに読売新聞を手にとった金丸氏は、「大きく合っているところも、大きく間違っているところもある。ビッグサービスじゃないか」とニヤリ。

すでに中曽根首相との間で自分が幹事長になることが決まっていた。自信をもって小沢氏への『リップ』サービスに過ぎないということを言ったのである。結果として記事の扱いが大きいことに引っかけた皮肉たっぷりの言葉になった。

金丸氏の名誉のために紹介するが、実は英語のきちんとした出典に基づく「金丸造語」もあるのである。それは「思いやり予算」。

金丸氏が福田赳夫内閣の防衛庁長官の時、在日米軍駐留経費の一部を日本が負担するとして言い出した用語だが、実は単に米国の財政事情を思いやるということからきたのではない。

ナポレオンをワーテルローの戦いで破った英国のウェリントン将軍が「偉大なる将軍とは単に強いということではなく、兵士の靴まで思いやるものである」と言ったところからきている。ここからウェリントンブーツと呼ぶ軍靴が生まれた。

金丸氏が「何でも靴に関係がある言葉なんだ」と言っていたのを竹下登氏が聞いて、蔵相の時に徹底的に調べて、証明した。

金丸氏の名言として残っているのは、「平時の羽田、乱世の小沢、大乱世の梶山」。これは時代状況とそれにふさわしいリーダーについて評したもので、まさに言いえて妙。長く永田町に残った。

「中曽根嫌いでは日本一」と公言していた金丸氏。中曽根氏に「行き過ぎたことがあれば、たとえ野にあっても刺し違える」とも。これが総裁選で異論を抑えて田中派内を中曽根支持でまとめたり、長老グループの中曽根再選への反発を封じ込めたりするのに逆に役立った。いわゆる「刺し違え幹事長」の功名である。

そんなところから金丸氏と中曽根氏との関係を念頭に「たたいているようでさすっている、さすっているようでたたいている」という言葉が生まれた。

これが金丸氏の政治哲学として喧伝され、『なでてさすって』という題名の本まで出た。この言葉はもともとどこからきたのか。実は国会が与野党激突で荒れた時、担当記者との懇談の中から飛び出したのである。

落としどころはあるのかと質問する記者に、金丸氏は「煎り豆に花」とか「馬糞の川流れ」とか、いつもの口ぐせを繰り返す。「煎り豆に花」とは煎ってしまった豆から芽が出たり、花が咲いたりはしないということで、野党の要求が実現不可能なこと、「馬糞の川流れ」とはいずれ野党もバラバラになるという意味である。

そのうえで「机の上で相手の横っつらをひっぱたき合っていても、机の下では大事なところを握りあっていることもある」。もう裏では話がつきそうになっているというわけである。「ただ今は相手が土井《どい》（たか子社会党委員長）だから握るところがなかなか見つからないんだ」と付け加えた。

これが自叙伝を書くときにちょっと上品な表現に直って、「たたいているようでさすっている、さすっているようでたたいている」という政治哲学に昇格したのである。

幹事長の幹事長

金丸氏の場合、悦子《えつこ》夫人の存在を抜きにしては語れない。「私は幹事長の幹事長よ」と言って、金丸氏に節制を命じたり、「昔は星を見上げながら、手をつないでどちらの愛が大きいか語り合ったこともある」などと公然とのろけたりしていた。

悦子夫人に「金丸信とはなんぞや」をじっくり聞いたことがある。

「金丸は繊細な神経で、あらゆることに精通して、ものを言うんじゃないんです。何かすごい政策を持ってなんとかとか、そういう人じゃないんです。だけど政策に精通しているることなんて必要はないんで、政治家は多くの耳と冷たい目を持って、流されないようにしていけばいいんですよね。まず池に石をポーンと投げて、その波紋でみんなに考えさせるというやり方ですね」

「人間、これがいいと思ったら、どうしてこれがダメなんだ、おかしいじゃないか、と言っちゃうでしょ。金丸は絶対、そういうことは言わないの。相手の意見を聞いてね、それはご無理、ごもっとも。だけどこういうことも言えるが、どうだねえとか言いながら、結局、ぐっと遠回りで自分の言う通りにしてしまう。これが金丸の政治家として、一番いいところです」

金丸氏は全国を応援で回って、自分の選挙区は悦子夫人に任せることが多かったが、地元からは「先生の演説は何を言っているかわからないが、奥さんの演説はうまくて票が出る」という声が出た。金丸氏は喜んでいいか、悲しんでいいかわからないと言いながら、「女は男によって変わるが、政治家は妻によって変わる。悦子がいることで若い気分でいられる」と内助の功に感謝していた。担当記者を自宅のどこまで入れるかを決めるのも悦子夫人だった。

中曽根氏もこうした金丸氏と悦子夫人の関係をうまく突いたことがある。

一九八六（昭和六一）年夏、中曽根政権は衆参同日選で圧勝、衆院では三〇〇議席を獲得したが、幹事長だった金丸氏はなぜか「しまった。勝ち過ぎだ」と漏らした。これで中曽根氏の任期延長が現実のものとなり、自分が描いていた世代交代、ひいては竹下政権誕生が遠のくと思ったのである。

そこで同日選の最大の功労者でありながら、世代交代の歯車を回すために幹事長を辞任、中曽根氏がそれならと持ち出した副総理への就任も渋る。

中曽根氏は金丸邸に電話した。悦子夫人に、「ご主人が副総理を受けてくれないで困っている。竹下君には幹事長をやってもらう。竹下君の奥さんだけ晴れやかな場所に出て、あなたが無役の奥さんだからといって、家に引っ込んでいるのは忍び難い」と伝えた。

これがどれだけ金丸氏の心に響いたかはわからない。ただ翌日、中曽根氏は金丸氏に「世代交代は私ひとりではやれないし、あなたひとりでもやれないだろう。あなたと私が手を組んでいるところに次の時代がある」ともう一つの殺し文句を持ち出し、金丸氏は副総理を受けた。

金丸氏が永田町のドンへと昇っていくに連れて、悦子夫人の趣味もひそやかな楽しみではすまなくなっていった。それは作陶《さくとう》である。庭に小さな窯《かま》をつくり、「陶悦」という号で、ペン立てや灰皿などを焼いていた。よく担当記者もこれをもらった。

そのうちに金丸氏に誼を通じたい政治家が「奥さん、僕にもいただけませんか」と言うようになる。手持ちの作品では足りなくなり、やがて注文が殺到して〝先物予約〟になる。もちろん金銭のやりとりはなく、玄関にＮＨＫ歳末たすけあいの箱が置かれ、「お志があれば」という程度だった。

しかしこうなると次は「奥さん、これだけの作品なのにもったいない」という声が出てきて、ついには品川のホテルで展示即売会が催される。展示即売会といっても、まさに即売会で、オープン前に作品には経世会の政治家らによってご祝儀代わりに「購入済み」の札がどんどん貼られてしまう。開始と同時にほとんど完売である。

悦子夫人が「初めていい色の赤が出たのよ」と自慢していた作品にはバブルの帝王と呼ばれていた自動車販売会社のオーナーによって一〇〇〇万円を超える値がついていた。

そうした中で、真っ正直に初日に足を運んで、さて何か購入しようとしたものの、すでに売り切れで買い損ねた政治家がいた。橋本龍太郎氏である。当時、橋本氏が金丸―小沢ラインが主導する派閥の中で何となく一匹狼的に浮いていたことと、そこまでは迎合しないぞという橋本氏の矜持が浮き彫りになった一コマだった。

宇野宗佑氏の後継には橋本氏が有力だった。条件は宇野氏の次だけに、女性スキャンダルと無縁なことと、リクルート事件もあったので、金銭的にも問題のないことだった。

この時、金丸氏の自宅に橋本氏の女性関係をほのめかす謎の電話がかかってきたという。金丸氏の指示で、小沢氏と奥田敬和《おくだけいわ》氏が橋本氏を全日空ホテルの一室に呼び出し、詰問した。橋本氏は「俺の生殺与奪の権を君たちに握られたな」と吐き捨てて、席を立つ。小沢、奥田氏の二人はすぐに金丸氏の自宅に竹下登、梶山静六、渡部恒三氏ら経世会幹部を軒並み集め、「橋本氏抜き」で橋本氏を擁立しないことを決めるのである。

そして河本派の海部俊樹氏が恐妻家で知られ、「カイフトシキではなく、サイフトジキだ」と揶揄《やゆ》されるほど金銭的な問題もないことから、海部氏を担ぐことになる。

困った時は常識

その海部内閣が経世会に操られるパペット政権と言われながらも、二年以上続き、経世会が引導を渡す形で、また次の総理を選ぶ時がやってきた。

経世会は引き続き後継総裁を事実上、決める力を持つ勢力である。会長代行の小沢氏が金丸氏の名代として、宮澤喜一、渡辺美智雄、三塚博《みつづかひろし》氏の三人を自分の事務所に呼んで〝面接試験〟をしたことは記憶に残る。

この時は緊急避難的な海部政権とは違う保守本流の本格政権が求められていたことや、経歴や識見、世論調査の結果などからも、宮澤氏が順当とみられていた。

宮澤氏は酒癖が本当に悪かったのか、あえてそうしていたのかはわからないが、アルコールが入ると人が変わるというのが定説で、しばしばベランメエ口調の毒舌になった。英語の達人だが、当然のことながらこちらの日本語の方がさざ波を立てた。夜、電話に出ないのはそのせいだとも言われていた。

金丸氏の活躍ぶりが話題になった席での「ああいう人は水の底に沈んで頂いた方がいいかも知れませんな。山梨には釜無《かまなし》川という深い川があるというじゃないですか」という酩酊発言が広まったりもした。

金丸氏に近い宮澤派幹部が心配して、宮澤氏を金丸氏に会わせたことがある。その時の宮澤氏の第一声は、「金丸先生は農大を出ていらっしゃる。そいつはお出来になりますなあ」だった。金丸氏は「まあ表門から入って裏門から出たようなもんですがね」ととぼけていたが、いい気分であったはずはなかっただろう。

三塚氏はやっとのことで派閥を継承したばかりで、三人のレースと言っても、番外だった。

渡辺氏はどうか。金丸氏は安倍晋太郎氏を総理・総裁として床の間に座らせると、枝ぶりがなかなかいいし、折れそうな枝があると支えてやりたくなると大いに褒めたうえで、半分、親しみを込めてなのだろうが、「ミッチャンの場合は床の間に肥桶《こえおけ》を置いた感じがしないばっかりじゃない」。当時、これを伝え聞いた渡辺氏の側近は、「金丸さんにだけは言われたくない」と嘆いた。

そんなわけで金丸氏は宮澤氏が好きなわけではなく、「もう少し馬鹿になるところに明日がある」などとチクチクやっていたが、世論調査の結果も一頭地を抜いており、渡辺氏ではなく、常識的にはやはり宮澤氏と思っていた。

しかし、小沢氏が金丸氏に上げた面接試験の結果の〝答申〟が宮澤氏だったのかどうか。宮澤氏を金丸氏が指名した時の経世会の反応を見ると、実際には渡辺氏の方に傾斜した内容だったのだろう。

この頃の経世会は国家、国民のことも考えるが、自分たちが使いやすいのは誰かを考える集団である。

決定の前夜、金丸氏は自宅で悩みに悩んだ。その姿を見ていた悦子夫人が声をかけた。「困ったときは常識よ」。

翌日の経世会総会。金丸氏は「選挙区の問題もあり、人間的な付き合いの問題もあり、どう決めていいか非常に考えさせられた」と前置きしたうえで、「永田町の考え方も大事だが、国民の声も大切だ。非常に悩んだが、宮澤喜一君に一致した支援を頂きたい」と宮澤氏を指名した。

「困ったときは常識」を実践したのである。しかし会場はエーッという感じで、拍手もまばら。たまりかねて金丸氏はもう一度、登壇して「あちこちでしか手が叩かれていない。もう少し拍手があってもいいのではないか」と言わざるを得なかった。

その後、この時のことを聞かれるたびに、金丸氏は「困ったときは常識ってこんだ」と繰り返した。

悦子夫人は金丸氏の全盛時代にゴルフに凝り、静岡県函南《かんなみ》町内でプレー中にクモ膜下出血に見舞われて急死する。

様変わりの誕生会

九二（平成四）年九月一七日の金丸氏の誕生日は一年前とは様変わりした。

一年前は喜寿の祝いを兼ね、目前に迫った総裁選のキングメーカーの誕生会とあって、会場はホテルオークラの大宴会場。

「笑点」の大喜利《おおぎり》のメンバーが、

「金丸先生とかけて日本の真珠と解く」

その心は、

「貝（甲斐）から出て世界に通用している」

「経世会とかけて甲州ブドウと解く」

その心は、

「粒ぞろい」

とやっていた。

ところが一年後は東京佐川急便事件に連座し、副総裁を辞任し、自宅から出られない。何よりも寄り添っていた悦子夫人がいないのである。

間もなく議員辞職と経世会会長辞任。

翌九三（平成五）年三月六日、東京地検特捜部に逮捕される。

金丸氏の決断は何も独創的なものではなく、常識的なことが多かった。それが複雑な思惑と利害が絡んだ政界ではかえって「正論」に映り、強さの秘密になった。

その根っこにあったのは世論を極めて気にする性格と分をわきまえていることだった。先入観ならぬ〝後入観〟の人といわれたくらいよく聞く耳をもっていた。

悪口をよく言われたテレビ朝日の「ニュースステーション」もしっかり見ていたし、発信元の久米宏《くめひろし》キャスターもある意味で好きだった。

率直な物言いをするため、剛毅な印象がある。が、攻めには強いが、守りに回った時は驚くほどもろい。しばしば途中で放り出してしまうのも特徴だった。

粘り強くないことが傷を深くしないうちの転進を可能にしたりする利点もあった。変なこだわりがなく、柔軟だったため、誤算さえ思わぬ成果に結びつくこともままあった。

しかし悦子夫人を亡くし、ドンの生活が長くなると、聞く耳も限られてきて、判断が悪い方に向かうことが多くなる。気力も弱って、何もかも面倒臭くなってくる。

東京佐川急便事件での検察への対応でも、先手を打って五億円の受領を認め、副総裁を辞任して、いさぎよさを見せようとしたことが裏目に出たのではないか。金丸氏は最後の最後で自ら転んでしまった。

小沢はいいだ

小沢氏を可愛がった。

「目に入れていい政治家」と言葉足らずの言い方をしていた。目をかけてもいい、視野に入れてもいいというほどのことだったかもしれないが、「目に入れても痛くない」という意味で伝わり、小沢氏の力になった。

九一（平成三）年、小沢氏は幹事長として東京都知事選に磯村尚徳《いそむらひさのり》氏を擁立、党都連が推す現職の鈴木俊一《すずきしゅんいち》氏と戦って敗北する。

小沢氏はただちに幹事長を辞任。今でも鮮やかな進退といわれるが、辞任してどうしたのか。経世会の会長代行に就いたのである。

権勢並びなき経世会の、それも小沢氏を寵愛する会長の金丸氏の下での代行である。とても責任をとってというようなものではなく、むしろ〝栄転〟だった。

鈴木宗男氏が金丸氏に聞いた。橋本龍太郎氏はいいですねと。金丸氏は言った。

「ポマードつけてればいいってもんでねえだ」

では小渕恵三氏はどうですかと聞いた。金丸氏は答えた。

「ぼおーっとしてればいいってもんでねえだ」

そして金丸氏は続けた。

「小沢はいいだ」

晩年、金丸氏は山梨県白根町（現南アルプス市）の自宅で余生を過ごした。経世会の仲間が五月雨《さみだれ》的に訪ねて来る。しかし小沢氏は一度も来なかった。

金丸氏は来客に聞かれると答えた。「小沢はいいだ」ではなく「小沢は来んだ」と。

九六（平成八）年三月二八日に死去。享年八一。

小沢氏は通夜の前日に初めて来た。目をつぶり、枕元に座り続けた。

金丸氏のそばに小沢氏が戻ってくるまで三年三ヵ月がたっていた。

金丸氏の失脚は竹下、小渕グループと小沢、羽田グループの対立を惹起して、経世会の分裂という最大の誤算を生む。

しかしこれが端緒となって、やがて小沢氏が主導した非自民の細川護熙《ほそかわもりひろ》政権や、自民党が社会党の首班を担ぐ村山富市《むらやまとみいち》政権の誕生へと流れていく。

金丸氏は社会党の田辺誠《たなべまこと》委員長と親しく、「自社大連立政権」を唱えていた。甲府市内の事務所の周りの広い土地を所有していたのも、その時の資金にするためだと公言していた。

しかし金丸氏の時代は自社大連立など「夢物語」もいいところだった。

が、めぐりめぐって、結局、実現してしまった。

金丸氏の最大の誤算が最大の〝成果〟につながったのである。

第六話　小渕さんの気配り

あいつはキュッ

「人柄の小渕」は人口に膾炙《かいしゃ》している。

その気配りは師匠の竹下登氏譲りだと言われる。が、竹下氏も小渕恵三氏も何でも水に流し、すぐに人を許すという意味では「人柄」は必ずしもよくなかった。

むしろ深い恨みをずっと胸に秘めるタイプだった。

ただ怒りを決して表には出さない。声を荒らげたり、人を面罵したりはしない。

竹下氏の場合、最大の怒りの表現はおしぼりを絞る格好をして、「あいつはキュッだな」とやることだった。淡々と、さらりと口にするので、あまり気がつかないが、これはしばしば「一生、あいつは許さない」「生涯かけて成敗する」という意味なのである。

ある政治評論家から早朝、自分のラジオ番組への出演を強要する電話がかかってきた。出がけのあわただしい中で、そのしつこさにイライラが募っているのが傍《はた》から見てもよくわかった。長い時間をかけて丁寧に、丁寧にやっとのことで断った。

電話を切ったあと、普通なら「いいかげんにしろ」と怒るところだが、竹下氏は、「来てくれ、カネくれ、ポストくれ、それがダメなら車くれ」

とつぶやき、こんな奴らを重用しなければ日本は安泰だと顔をしかめた。

対象は政治評論家ではなく政治家だが、「来てくれ」は応援やパーティーに来てくれ、「車くれ」は党の車を優先的に使わせてくれという意味である。

事務所に後輩の衆院議員がやってきて、理にかなわないことを頼んでいった。その席で「バカヤロー」とは言わない。相手が席を立ってドアを閉めてから一言。

「あれはポンだ」

「ポン」まではリカバリーの余地もある。しかし「キュッだな」は深刻である。

竹下氏がずっと許さなかった一人はおそらく河野《こうの》洋平《ようへい》氏だろう。これは小渕氏にも染みついていた。

リクルート事件にまみれた竹下内閣は平成元年度予算案の国会審議で行き詰まっていた。予算だけは何としても通す。これは長く政権与党の中枢を歩んできた竹下氏の責任感の表れである。

このため進退を賭けることを決意、首相の座から降りることを〝交換条件〟として表明する。追い打ちをかけるように腹心の金庫番、青木伊平《あおきいへい》秘書の自殺という深手を負った。これで強硬一辺倒だった野党の態度にも軟化の兆しが出る。自民党の単独採決の形をとりながらも、予算案は衆院を通過した。

この時の衆院本会議に自民党から四人の欠席者が出た。その中に河野洋平、鈴木恒夫《すずきつねお》氏がいた。「交通渋滞で間に合わなかった」と言い訳した人もいる。が、鈴木氏が河野氏の秘書出身で、政治行動をともにしていたことからも、河野氏らが確信犯だったことは明白。「単独採決はリクルート隠し」というのが理由だったようである。

ふだんから国会の出欠などをずっと点検していたのが竹下氏。自分のすべてをなげうって、政治責任を果たそうとした時だけに、河野氏らの投票行動に怒りを押し殺したのは間違いない。すなわち「河野はキュッだな」ということだったのである。

河野君はダメ

これが河野氏の後の政治行路に陰に陽に響いてくる。めぐりめぐって「首相になれなかった自民党総裁」にとどまった遠因になったと見る向きは少なくない。

一九九五（平成七）年七月、参院選を終えた「自社さ」政権の村山富市首相は辞意をほのめかす。

自民党は社会党の村山氏を首班にかつぐことで、与党の一角を取り戻していたが、いよいよ総理の座も奪還できる時が近づいたのである。村山氏としては自民党総裁であり、ハト派でもあり、自分を副総理・外相として支えてくれた河野氏に後を譲るつもりだった。

その気配を素早く察した小渕氏が森喜朗《もりよしろう》幹事長のところに飛んでくる。

「河野君が総理になるのは絶対にダメだ」

「うちの総意であり、何としてもそれだけは阻止してもらう」

理由を聞かなくても森氏にはわかった。

下野していた時の「総理になれない自民党総裁」だからこそ、経世会は河野氏の総裁を容認していたのである。結局、森氏から党内の情勢が厳しいことを聞いた河野氏は九月の総裁選に出馬できず、不戦敗を余儀なくされる。

ここで橋本龍太郎氏が「総理になる自民党総裁」に当選、翌九六（平成八）年一月、政権の座に就く。森氏を通じて河野氏の首相への芽をあらかじめ摘んだのは竹下氏の心を知る小渕氏だったことになる。

加藤氏に気色ばむ

その小渕氏が「こいつはキュッだな」と思ったのは加藤紘一《かとうこういち》氏だろう。

橋本氏の後を継いで総裁になった小渕氏は最初の任期が橋本氏の残りで、就任から一年余りでまた総裁選に臨まなくてはならなかった。さすがに事実上の無風選挙とみられていたし、本人もそう思っていた。が、この時、加藤氏が突然、出馬を表明した。

小渕氏は橋本政権で加藤氏が幹事長になれたのは自分の推しがあったからだとも思っており、「俺が一生懸命にやっているのに、加藤はなぜ俺の足を引っ張るのだ」と言いたかったのだろう。加藤派（宏池会）の中でも池田行彦《いけだゆきひこ》氏や古賀誠《こがまこと》氏らの幹部は「平地に乱を起こすことはない」との判断だった。

小渕恵三

加藤氏もこの点は気になったようで「さわやかな政策論争をすればいい」と言った。泥仕合はしないというわけである。しかしこれが小渕氏の怒りの火に油を注いだ。小渕氏は政策通で売ってきた政治家ではない。

何でも吸い込んでしまうという肯定的な意味だと断ってはいるものの、中曽根康弘氏からは「真空総理」というあだ名を奉られていた。小渕氏は「政策論争？　そこまで俺をばかにしようとしているのか」と受け止めたのである。

勝敗の帰趨《きすう》ははっきりしていた。小渕氏は加藤氏の三倍の票をとって圧勝した。次は新たな内閣改造・党役員人事。小渕氏は宏池会から、加藤氏と距離のある池田氏を党三役の総務会長に起用する。

「うちの意向とは違う。総裁選が終わったら挙党体制のはずではなかったか」と加藤氏は猛反発した。しかし小渕氏も「あんたは俺を追い落とそうとしたじゃないか。選挙とはそういうものだ」と気色ばみ、電話で激しく口論し、突っぱねた。

外相も加藤氏と袂《たもと》を分かった河野氏、副総理・蔵相は前宏池会会長の宮澤氏が留任、防衛庁長官には竹下内閣の時に海上自衛隊潜水艦「なだしお」事故で辞任した瓦力《かわらつとむ》氏。瓦氏の再起用は竹下、小渕氏が心掛けていた短期間で閣僚を棒に振った人への〝損失補《ほ》塡《てん》〟である。宏池会にかかわる人選は徹底的な「加藤はずし」だった。

小渕氏は田中派の系譜をひく経世会（九六年に平成研究会と改称）の会長、加藤氏も宮澤喜一氏から禅譲された宏池会の会長。本来は田中角栄―大平正芳氏以来の盟友関係にある派閥の領袖同士である。

が、これ以降、加藤氏は経世会との距離が広がるというより、対立が深まり、「加藤の乱」での敗北で凋落《ちょうらく》の道をたどっていく。

ブッチホン、手放せず

人柄の善しあしと気配りは別。小渕氏が「気配りの達人」であるのは事実である。そうでなければ福田赳夫、中曽根康弘という両巨頭に挟まれた群馬三区で当選を重ねられない。東京の自宅も国会議員にしては珍しく二十三区のはずれ、群馬に最も近い北区の王子である。頻繁に行き来する選挙区に少しでも近くということだろう。

ちなみに金曜日の夜に地元に帰って、週末は選挙区を回り、火曜日の朝に東京に戻るという定番の国会議員の行動を〝金帰《きんき》火来《からい》〟と言う。昔からある言葉だろうが、永田町では小渕氏の姿から生まれたと伝わっており、そう記述している用語集もある。

金丸信氏は小渕氏を、福田、中曽根氏という、米ソの両大国に囲まれた「谷間に咲くか弱いユリの花」と評した。自称は「ビルの谷間のラーメン屋」である。

実際、上位当選は難しく、中堅になった八〇年代も最下位当選が続いた。しかし見方を変えれば、社会党の重鎮、山口鶴男《やまぐちつるお》氏を含めた四人の「指定席」であり、マスコミが日本で一番、早く「当確」が打てる選挙区でもあった。

そこで「指定席」になるには何といっても人とよく会い、直接、声をかけ、握手をした人を増やすことだった。大御所の福田、中曽根氏よりも会いやすい存在でいるのは利点である。

原点は早大大学院時代、世界旅行の途次で、ジョン・F・ケネディ大統領の弟、ロバート・ケネディ司法長官が会ってくれたことだという。最初、小渕氏は大統領に会おうと思った。当然のことながら、仲介を頼んだ日本大使館をはじめ、誰も相手にしてくれない。そこで弟の方に目標を変え、手紙を書いた。小渕氏は早大英文科卒ということを忘れてはいけない。

ロバート・ケネディは前年、早大の大隈講堂で講演。この時、反米の学生が騒いだのを「都の西北」の合唱で包み込んだことがあり、印象に残っていたらしい。「母校での講演に感激した」という小渕氏の手紙に応えて、何と面会が実現し、「これからは君たちの時代だ。政治家になったらまた会おう」と言ってくれた。

この時、小渕氏は「政治家になったら分け隔てなくできるだけ人に会おう」と誓った。後に兄弟とも凶弾に倒れたので、この思いはますます強くなったという。

人と会うことに加えて、小渕氏の武器が電話であることはよく知られている。いわゆる『ブッチ』ホン」である。秘書を通じてではなく、自らかけるため、相手は驚き、感激した。

野中広務《のなかひろむ》氏が小渕内閣の官房長官になった時、「総理の電話」を自分の宣伝に使ったり、商売に利用したりする人もなしとしないとして、「自粛」と「選別」を進言したことがある。

小渕氏は、「俺はこの電話でやってきたんだ。この電話で今日がある。こればかりは俺の専管事項だ」と珍しく強くはねつけた。

加藤紘一氏は「加藤の乱」などで「自分にはこれがある」と携帯電話を振りかざしたが、小渕氏も備え付け電話の受話器を持って「自分にはこれがある」と言ったわけである。

野中氏はそれ以上、言葉を継げず、深々と頭を下げた。

マスコミのイベントばかり

総理の座に就いてからも、自分が行けば話題になるだろう、担当の顔も立つだろうというわけで、それほど興味のないとしか思えないイベントにもできるだけ顔を出した。

政権に就いた当初の「土日祝」は自宅での静養、勉強、書類整理、健康診断で埋まっている。ところがイベントへの出席の機会が徐々に増えていく。個人的に好きなものもあっただろうが、ほとんどがマスコミ主催のイベントである。

よそのイベントに小渕氏が出ているのを確認すると、ぜひウチにもとの依頼が来る。義理がどんどんたまっていったのである。

政権の最後の半年間の「土日祝」の日程から拾うと――。

一九九九年　九月　四日（土）印象派・ジャポニスムへの旅　平松礼二展（髙島屋日本橋店）

備前・藤原啓一　炎の詩（同前）

九月一九日（日）司馬遼太郎が愛した世界展（三越本店）

山名將夫個展（髙島屋日本橋店）

一〇月一一日（祝）芸大美術館所蔵名品展（東京藝大美術館）

一〇月一七日（日）　民謡民舞全国大会（両国国技館）
一一月二一日（日）　日展（東京都美術館）
　　　　　　　　　　オルセー美術館展1999（国立西洋美術館）
一二月一八日（土）　伊能忠敬物語（新国立劇場）

二〇〇〇年

二月一一日（祝）　国風盆栽展（東京都美術館）
　　　　　　　　　東山魁夷展（三越本店）
二月二六日（土）　華麗　琉球舞踊の明日を求めて（三越劇場）
三月一一日（土）　ウィレム5世の時代——18世紀後期のオランダ宮廷美
（三の丸尚蔵館）
三月一九日（日）　NHKみんなのコンサート（NHKホール）
三月二〇日（祝）　平田良雄　油彩画展（ギャラリー中島）
　　　　　　　　　加藤郁乎賞贈呈式（東京會舘）

そして四月一日（土）の小沢一郎自由党党首との会談、入院へと続くのである。

時の首相が来館となれば、展覧会などの会場の入り口は騒がしくなる。まずロープが張られる、警官がどんどん増える。チケット売り場に並ぶ観客は「誰が来るのだろう」と思う。警備の要請で、首相が来るとは事前には教えない。

そこへパトカーに先導されたものものしい公用車の車列。誰が出てくるのか。「アッ、小渕さんだ」の声が上がる。ここで普通は混乱をさけるために首相はスーッと会場に入ってしまう。写真を撮ろうとする人も規制される。

が、小渕氏はなかなか入らない。一人ひとりと握手し、記念撮影にも応じる。求められてだけではない。遠慮して遠巻きにしている親子に自分から声をかけるのである。

「オーイ、お母さん、坊やと写真を撮らなくていいのか」

おどおどしながら近づいてきて並んだ親子に話しかける。

「坊や、いくつだ」

「一一歳です」

「そうか、九年後はよろしく頼む」

当時、選挙権は二〇歳からである。

会場で絵画や陶器を見る時間よりこうした時間の方が長い。これが小渕人気がじわじわと上がってきた理由の一つでもある。

分け隔てなくどこの社の展覧会にも行く。「読売新聞の展覧会を見ましょう」などとは言わない。

もともと小渕氏は心臓に持病を抱えていた。ゴルフを途中でやめたこともある。激務の総理時代、休日はできるだけゆっくりすべきだった。

義理を欠くことができない。気配りは疲れるものである。

小渕氏の急逝を招いたのは政治的なストレスだと言われている。

自由党とのいわゆる「自自連立」が微妙になってきた頃、小沢一郎氏の後援者の稲盛和夫《いなもりかずお》・京セラ会長と小渕氏の早大の先輩である鶴田卓彦《つるたたくひこ》・日本経済新聞社社長の仲介で、小渕氏と小沢氏が東京・築地の「吉兆」で会食した。

小沢氏はこの会合に例によって遅刻してきた。小沢氏は政治家としても後輩だし、小渕氏は時の総理である。稲盛氏らはまあ先にやっていましょうと促したが、小渕氏は「いやいや、小沢君がくるまでは」と言って、箸どころか、グラスにもいっさい口をつけなかった。

それほど小沢氏を立ててきたのに、ほどなく両者は決裂する。特に小渕氏が倒れたのが連立の解消を決めた小沢氏との会談の直後だったので、この時のストレスがどれだけ小渕氏を蝕《むしば》んだのか。

が、仮に倒れたきっかけがそうだったとしても、小渕氏の疲労を蓄積させてきた一因がマスコミ主催の展覧会などへの気配りだったことは間違いない。

第七話　携帯の世代交代

「加藤はずし」の意図

「世代交代」は永田町で間欠泉のように噴き出す政治のテーマである。

二〇〇〇（平成一二）年一一月、加藤紘一氏が森喜朗首相の退陣を求めた「加藤の乱」。この時も世代交代が掲げられていた。

森政権の誕生が青木幹雄《あおきみきお》、村上正邦《むらかみまさくに》、野中広務、亀井静香《かめいしずか》氏に森氏を加えた「五人組」による密室の談合で決まったことへの反発と不満が蓄積されていた。

この「密室」については青木官房長官の招集で森幹事長、野中幹事長代理、亀井政調会長、村上参院議員会長が協議したもので、密室でも謀議でもない、党の幹部が善後策を話し合うのは当たり前だと村上氏が反論している。

しかし加藤氏の盟友の山崎拓《やまさきたく》氏はそれまでの自民党なら派閥を率いている自分と加藤氏を呼ばないということはあり得ないとして、これで「小渕の後は加藤」という流れは一気に断ち切られてしまったと指摘している。

領袖ではなくとも、加藤派（宏池会）からは誰も入っていない。「加藤はずし」の意図ははっきりあったのである。

加藤氏による世代の選別はなかなか面白いものだった。

第一は携帯電話である。

今ならばスマホかガラケーかという区分だが、その頃は携帯電話を持っているかいないかが基準だった。加藤氏の分類はなお緻密で、①携帯を持っていない人、②携帯を使っているが、秘書に持たせている人、③自分で携帯を使いこなしている人、にわかれた。

当然、加藤氏は自分で使いこなしている人である。秘書に持たせている派の代表格として加藤氏が挙げていたのは羽田孜氏。秘書に相手を呼び出させてから代わるというかけ方で、羽田氏らは確かに加藤氏らよりちょっと上の世代だった。

ただ、ある時、持っていない派の梶山静六氏の事務所で加藤氏が携帯電話の話をしたところ、負けず嫌いで皮肉屋でもあった梶山氏は「よーし、どっちが早いかやってみよう」と提案した。かける先は小渕事務所である。

「よーいどん」の掛け声で、加藤氏はさっそく携帯電話を取り出す。当時はまだ携帯電話に電話帳の機能がなく、番号を調べてからプッシュボタンを押す。加藤氏は手帳のページをめくる。
梶山氏は隣室の秘書に「オーイ、小渕さんのところだ」と一言。秘書は付き合いの深い小渕事務所の番号などは覚えているから、すぐに事務所の電話で番号を押し、たちどころにつながった。備え付け電話の圧勝だった。

「『いちご白書』をもう一度」

加藤氏の世代の区分のもう一つの基準はカラオケの曲目である。
ユーミンがつくって、バンバンがヒットさせた「『いちご白書』をもう一度」を歌えるかどうかだった。

就職が決って　髪を切ってきた時
もう若くないさと　君に言い訳したね

学生運動の挫折の思い出を甘酸っぱく歌ったこのフレーズは、

親の血をひく　兄弟よりも
かたいちぎりの　義兄弟

といった当時の自民党の政治家の定番ソングとは確かに違うテイストだった。

加藤氏は一九九八（平成一〇）年七月、橋本龍太郎内閣が参院選での大敗の責任をとって退陣したのに合わせて幹事長を辞任し、役職から久しぶりに離れた。時間に余裕ができて、最初にしたことは秋葉原にパソコンを買いに行くことだった。

年末には宮澤喜一氏から禅譲されて伝統ある宏池会会長になる。この宏池会の担当記者にパソコンの練達の士がいて、加藤氏は生徒となり、すぐ電子メールなどに習熟した。

メールアドレスも載っている名刺を交換したら、加藤氏から突然、メールが送られてきて、びっくりした経済界のトップも少なくなかった。「情報の最先端企業なのに、『ありがとうございました』という返信しか来なかったぞ。あれだけ打つのがやっとだったのかな」と加藤氏に揶揄されたマスコミのトップもいた。

「加藤の乱」の端緒となったのは読売新聞グループの総帥である渡邉恒雄《わたなべつねお》氏が主宰するマスコミOBの会である。会場のホテルオークラ東京の日本料理屋の名前をとって「山里会」という。

ここに加藤氏がゲストとして招かれたのが二〇〇〇（平成一二）年一一月九日。森内閣の内閣改造人事に話題が移ったとたん、加藤氏は「森さんには改造はやらせませんよ」。驚く出席者を尻目に、加藤氏は森政権の外交、経済政策を批判、野党との連携すらにおわせる。

その証左として携帯電話を手にして、「いますぐでも菅（直人、民主党幹事長）とこれで話ができる」と自慢した。

加藤紘一

何しろマスコミOBの会である。その夜のうちに加藤氏の発言は携帯電話をかざした身振り手振りも交えて、永田町の隅々まで広がった。

森内閣は確かに不人気を象徴するような政権だった。これに対し加藤氏には世代交代の旗を掲げ、携帯電話だけでなく、電子メールも総裁選のツールに活用した「新しさ」があった。しかしこの初の「ネット政局」にこそ落とし穴があり、加藤氏はそれにはまってしまったのである。

連日、メールが一〇〇〇通

加藤氏が自宅に戻ってパソコンを開くと、そこには全国から軽く一〇〇〇通を超えるメッセージが届いていた。毎夜、毎夜である。手紙を書いて、切手を貼り、ポストに入れるのと比べて、格段にお手軽な電子メール。匿名性があるだけに、内容も日増しに過激になっていく。二週間足らずの間に届いたメールは一万五〇〇〇通。ほぼすべてが応援、支持だったという。

山崎氏は後に「都市部のインテリ層の考えに非常に影響された。たくさんのインターネットでの激励に、加藤さんの頭と心がいっぱいになったということだ」と振り返った。

鎮圧した方の野中広務氏も「加藤さんはインターネットに狂わされたのだと思う。私が『何を言っているんだ』と諭そうとしても『俺のところに来ているメールを見てみろ』の一点張りだった。そのメールの多くはまだ選挙権もない若い人たちだったのに」と言う。

バーチャルな空間での意見を世論の圧倒的な勢力と見たことが、加藤氏の見通しを狂わせ、〝暴走〟を生んだのだ。

結局、加藤氏は土壇場で腰砕けとなる。

森内閣不信任案を採決する衆院本会議場にたとえ一人になっても入って賛成票を投ずるとの決意を口にして、山崎氏とともに拠点のホテルと国会の間を行ったり来たりしたが、ついには入らずに欠席するだけに終わった。側近の谷垣禎一《たにがきさだかず》氏に「あんたは大将なんだから」と引き留められ、涙目で逡巡する加藤氏の姿が歴史に残った。

もう政治評論家となっていた公明党元書記長の矢野絢也《やのじゅんや》氏は電話で決行を促したが、未遂に終わった後、こう評した。

「加藤さんは喜劇のピエロになるより、悲劇のヒーローになるべきだった」

大平氏の反省

「加藤の乱」については失敗に終わったこともあって、加藤氏の未熟さ、焦り、権力欲といった要素ばかりが指摘されている。

かなりの時間が経ってから、加藤氏に聞いたことがある。あの時の〝決起の起爆剤〟となり、ずっと頭の中で鳴り続けていたのは政界に入る際に門を叩いた大平正芳氏の言葉だったという。

大平氏は三木武夫内閣で蔵相、福田赳夫内閣で幹事長を務め、巨額の赤字国債の発行を許してしまったことに強い責任を感じていたことはよく知られている。

このため自分が首相の座にあるうちに財政再建の道筋を付けようとの使命感に燃え、これが一九七九（昭和五四）年の衆院選で選挙なのに増税、つまり一般消費税の検討を公約に掲げることにつながった。

「正直に話せば国民もわかってくれる」というのが大平氏の信念だったが、投票日が自民党には不利な荒天だったこともあって敗北し、ずっと「大平おろし」が続く原因となる。さすがに大平氏は天を仰いで嘆息したが、やがて「正直に話せば国民もわかってくれるというのは傲慢さでもあった。国民にわかってもらう努力が足りなかったというのが真実なのだろう」と話したという。

加藤氏は小渕政権、森政権の前の「自社さ」政権で政調会長、幹事長を務めた。立場上、自分を抑えて、まとめ役に徹してきた。

しかし大平氏の言葉を思い出すにつれ、実は調整役という立場に逃げ込んで、衝突を避けてきただけではないか、これでは国民の改革への理解を得る迫力に欠けていると言われても仕方がないではないか、との気持ちが募ってきたという。

これが性急に過ぎると言われても、小渕政権に挑み、続いて森政権の打倒に動き出す引き金になった。
理由は使命感――これが時を経ての加藤氏の弁である。

二四時間政局の始まり

インターネットとは無縁だったが、実は携帯電話の方は「加藤つぶし」の中心にいた野中氏の専売特許だった。新幹線の座席に着くやいなや、すぐ携帯電話で話し込む野中氏の写真が新聞に載り、「政治家は車内で携帯を使っていいのか」との抗議が新聞社や野中事務所に殺到したほどである。

野中氏は四方八方から情報を携帯電話で集め、それを自分の中で攪拌《かくはん》して、また四方八方に拡散する。これはという情報を要所要所にしっかりと打ち込んで、自分の目指す流れをつくる。

「加藤の乱」は「ネット政局」の幕開けであると同時に、「携帯政局」の本格化を告げた。

記者の夜回り先で政治家がいろいろな発言をする。これが翌朝の新聞やテレビで伝えられる。それを見てライバルの政治家が対応を考え、動き出す。こんな流れはもうなくなった。それでは遅すぎるのである。

夜、何かを言えば、それは携帯電話ですぐに各方面に伝わり、対抗措置も打ち出される。朝までに処理は終わってしまう。「二四時間政局」である。

かつては政治家が車に乗ってしまえば、降りるまでは完全な密室。だから一緒に車に乗って取材する「ハコ乗り」もできた。しかし今や車の中は携帯電話による情報戦の拠点である。秘密の電話もかかってくる。だから政治家も「ハコ乗り」を拒否する。

東京都内の夕刊最終版の締め切りは午後一時ごろ。昼の本会議に政治家が入ってしまえば、もう人事などのニュースの確認はできなくなり、記者もゆっくり昼飯を食べるほかはなかった。

が、今は接触が遮断されても、ルール違反だが、議場にいる政治家の携帯電話にコンファーム（確認）のメールを送ればいいのだ。親しい関係ならこっそり返信もあるだろう。

「二四時間取材」である。

以前は政治家の自宅の枕元にある電話の番号を知るのが取材競争の柱の一つだったが、近年は担当する要人の携帯電話の番号を教えてもらえるかどうかが勝負を決める。

最近は菅義偉《すがよしひで》官房長官の携帯電話が有名だが、携帯電話で永田町の情報戦を制した最初の政治家と言えば、それは野中氏というのが衆目の一致するところである。

加藤氏も携帯電話を使いこなすことを自慢していたが、残念ながら「YKK（山崎、加藤、小泉純一郎氏）はよく携帯で民放の女性記者をカラオケに呼び出していたなあ」という記憶くらいしか永田町に残っていない。

YKKの終焉

三人の名前の頭文字をとったYKKはもちろん宏池会と縁のあるファスナーの吉田工業（現YKK）の商標から浮かんだもので、加藤氏の発案。ファスナーのようなしっかりとした結束という意味を重ね合わせたという。

「加藤の乱」では袂を分かったYKKはポスト森では再び結束し、小泉氏の総理・総裁への道を開く。小泉内閣で山崎氏は幹事長に就き、最大派閥の橋本派（経世会→平成研究会）からは三役を一人もとらない。

YKKをつくるきっかけとなった「経世会支配の打破」へ踏み出したのである。

その後、小泉氏は「YKKは友情と打算の二重奏」という名言を残した。山崎氏は「加藤は結果として小泉の踏み台となり、自分がその媒介をした形だ」ともっとわかりやすく解説している。

やがて加藤氏は自身の金庫番が脱税容疑で摘発され、議員辞職。二〇〇三（平成一五）年の衆院選で復活するが、今度は副総裁になっていた山崎氏が不覚をとる。山崎氏は落選後も自らの派閥の会長を続投、衆院補選でカムバックもするが、ＹＫＫ時代はこの時点で幕を閉じたと総括している。

第八話　シンキロウの孤独

下足番が絶賛

「聞くと見るとは大違い」

　多くの人がこの言葉で評するのは森喜朗氏である。

　森氏は大柄で、ガンを患って食事制限を余儀なくされるまでは〇・一トンもの体重があり、顔も四角の代官顔で、物腰も何となく傲岸《ごうがん》。失言ばかりしているイメージも定着し、悪役を一手に引き受けている。

　ところが間近で会った人の印象は違う。座談はうまいし、気配りは心憎いし、実物は全然違うじゃないかという人が少なくない。

　しかも会った翌日、しばしば「昨日はよくおいでいただいた」「あなたとお目にかかれてうれしかった」「時間がなくて申し訳なかった」というハガキが届く。

　その文字がまた森氏の風貌からは想像のつかないやさしく、流麗な手なのである。もらった人は異口同音、「本当に自分で書いているのか」と言うが、本当に一枚一枚、自分で書いていた。

宴席で森氏は長いテーブルの末座の人のグラスを見ている。

「おーい、仲居さん、彼のグラスが空だよ」

それだけではない。言われた仲居さんがお代わりをつくろうとすると、

「その水割りの付け合わせはレモンじゃなくてキュウリだぞ」

とまで言うのである。

一九八一（昭和五六）年一一月、東京・赤坂の料亭「大野」で、玄関の下足番として勤めた人が『夜に蠢《うごめ》く政治家たち』（エール出版社）という本を出した。

頻繁に出入りする政治家や高級官僚の生態を実名で記録し、これを公表することで「公費天国」を告発する結果となった。「大野」の女将《おかみ》は申し訳ないとショックの余り寝込んでしまった。

当時、森氏は衆院大蔵委員長。その大蔵委員会では共産党の正森成二《まさもりせいじ》氏がこの本をもとに大蔵官僚らを追及した。森氏は正森氏に聞いた。

「その本には私の名前も出てくるが、追及しないでいいの」

正森氏の答えは、

「森委員長はいいんですよ。本の中でほめられているくらいですから」

というものだったそうである。

実際にどう書かれているのか。

「森官房副長官は長身で男前、芸者にもてる。愛想がよく、口八丁、手八丁。遊びというよりは、仕事がらみが多いようだ。忙しそうな人で、帰りは早い」

絶賛に近い。この場合、評価のポイントは「帰りは早い」である。料亭の従業員に一番嫌われるのは麻雀などで長《なが》っ尻《ちり》の客である。

森氏も内心、なぜ自分がよく書かれているかをわかっていた。

のちに「私は官房長官の安倍晋太郎さんとの連絡で、頻繁に出入りしていたが、麻雀をしないからすぐ出てきて、帰り際に下足番の人に『ご苦労さん』と二〇〇〇円くらいのチップを渡していた。だから悪く書かれようがないのである」と振り返っている。

総理番とすきま風

そんな森氏が総理になったとたん、悪いイメージばかりが先行してしまった。

その理由はいろいろあるが、一因となったのが「総理番」記者とのすきま風である。

「総理番」というのは時の総理の周りをぐるりと囲んで、来客をチェックしたり、あれこれ聞いたりしているテレビでもおなじみの群像。

首相官邸が建て替えられてからは来客の出入りをモニターで見ることを余儀なくされたり、総理との間に距離を置かざるを得なくなったが、それまではまさに「密着」していた。

何しろSP（要人警護官）の間で、総理が暴漢に襲われても、「総理番」が盾になっているから、刺されるのは記者で、総理は安全とまで言われていたほどである。

「総理番」というからには偉そうな印象があるが、実は全員、各社の政治部の一番の新米である。テレビ局などは時に研修を兼ねて女性アナウンサーを送り込んでくるので、華やかな女性記者も目立つ。

「総理番」から、たとえば「官房長官番」に移るのは政治部では大変な「出世」である。しかし担当する対象が格落ちし、テレビにも映らなくなってしまったというわけで、この異動を知らされた故郷の両親から「息子は何か不始末をおかしましたか」という心配の手紙を政治部長がもらうことさえある。

森氏の「総理番」は突然の政権交代で前任の小渕恵三氏の「総理番」を引き継いだ形だ

った。親しくなじんでいた小渕氏の突然の死への同情、「密室」で選ばれたと喧伝された森氏への嫌悪感、これらがないまぜとなって何となく対立の構図ができてしまった。

密着していると言っても、公邸や私邸の中でのプライベートな動きはわからない。そこで起床時間や就寝時間は秘書に電話で確認する。就任してほどなく森氏は、「朝、夜、何時に起きたのか、何時に寝たのかを聞いてくる。あんなのウソついてもいいんだろ」と軽口をたたいてしまった。

森喜朗

確かに寝た時間などは聞いた方も本当に信用はしていない。しかし小渕氏の入院から森氏の選出まで、「密室」での不透明さが指摘されている中での「ウソでもいい」発言が反発を受けないはずがない。

筆者の所属していた新聞社が主催するイベントに森氏が来たことがある。とても蒸し暑い会場で、冷たい飲み物を出した。付いてきた「総理番」の分も用意したが、遠くからぐるりと囲んでいるだけで、喉を潤している森氏に誰も近寄らない。こんな時こそ近づいて話をするチャンスである。

筆者は当時、政治部長で、自分の社の「総理番」をあとで怒鳴った。「お前たちは読者の代表として番記者をやっており、少しでも総理に近づいて、質問することが義務だ。好き嫌いで仕事をしてどうする」

おそらくあの場面で森氏のそばに行って、一緒に飲み物を手にして、談笑することを潔しとしない空気が仲間うちにあったのだろう。

先を争って総理の近くに行こうとしたかつての「総理番」にはあり得ない異様な光景だった。

着替えてからが裏目？

内閣のあだ名も芳しいものはなかった。存在感のなさを揶揄して森喜朗ならぬ「シンキロウ内閣」。「シンカンセン内閣」との評もあった。森喜朗の森のシン、神崎武法《かんざきたけのり》の神のカン、扇千景《おおぎちかげ》の扇のセン。連立を組む「自公保」三党首の名前をとったもので、野党は「これは山陽新幹線、その心はトンネルばかりでお先真っ暗」。これに対し自民党は「いやいや東海道新幹線、ひかりもあればのぞみもある」といった具合だった。

いずれにせよ低空飛行が続く中で森氏の立場からは「総理番」が片言隻句《へんげんせっく》をとらえて曲解したと言いたい「神の国」発言や「国体」発言が続く。

そんな中で「ミレニアム選挙」と言われた衆院選で自民党は議席を大きく減らす。しかし単独過半数には届かなかったが、「自公保」では安定多数を維持、何とか乗り切った形となった。「加藤の乱」も鎮圧し、小康を得たようでもあった。

ところがそれも束の間、ちょっと落ち着いてくつろいでいる最中に、政権の行方を決めた「えひめ丸事件」が起きる。

二〇〇一（平成一三）年二月、ハワイ沖で宇和島水産高校の実習船「えひめ丸」が米海軍の原子力潜水艦に衝突されて沈没、九人の犠牲者が出た。この日は土曜日で、森氏は横浜市内の戸塚カントリー倶楽部で久しぶりのゴルフを楽しんでいた。

一報は前半の七ホール目に入ったが、ここでやめると迷惑がかかるとして、ハーフの終わる九ホールまでプレーした。これが、なぜすぐにやめなかったのか、という批判を浴びる。それはまったくその通りである。

が、批判したマスコミも実は偉そうなことは言えない。一報は日本の漁船が事故にあったといった程度で、高校の実習船も原潜もなかった。

事実、この日の夕刊を見ると、早版、中版、最終版のうち、中版まではどこもたいした扱いになっていない。これが森氏のゴルフ中につくった紙面である。最終版になってやっと深刻な事態であることがわかり、一面トップの最大級の扱いになっている。

つまりある意味でこれは不可抗力だった。ゴルフを途中でやめると、前の組にも迷惑がかかる。一報の段階ではきりのいいところまで続けようという判断があってもおかしくはなかった。今なら危機管理がなっていないと言われてしまえばそれまでだが、この時はゴルファーとしての気配りが裏目に出た。

それ以上に問題になったのはゴルフ場から首相官邸への移動に時間がかかったことである。この時、森氏はゴルフウエアのままで官邸に行くのはどうかと思った。そこで世田谷の自宅に立ち寄って、きちんと背広に着替え、ネクタイを締めてから、官邸に向かった。一種の律義さである。

しかしむしろ汗まみれのゴルフウエアで、車が用意されるのも待たず、とるものもとりあえずタクシーで息せき切って駆け付けたという方がよかったかもしれない。

こうして何事も歯車が嚙み合わず、軋《きし》みは日ごとに増す。ついに内閣支持率は一桁に落ち込み、中央省庁の再編という歴史的な出来事があったにもかかわらず、その果実を見ることもなく、退陣を余儀なくされる。

「元首相」になってから

森氏が仕事をするのはむしろ「退陣後」である。

ジミー・カーター氏は米大統領在任中、具体的な成果を挙げられず、ロナルド・レーガン氏に敗れて、米大統領としては珍しく一期四年で退陣する。が、その後、北朝鮮外交、キューバ訪問、南スーダン和平などで活躍し、「史上最良（強）の『元大統領』」と言われた。「元大統領」としての功績でノーベル平和賞も受けた。

森氏が「史上最良の『元首相』」の域に達しているかどうかは議論のあるところだが、ロシアのプーチン大統領との橋渡しでは森氏をしのぐ政治家は今でもいないし、国際的な人脈を生かして二〇二〇年東京五輪の誘致に功績があったことは誰も否定できない。

その後の小泉純一郎、安倍晋三、福田康夫《ふくだやすお》、麻生太郎《あそうたろう》、再び安倍の自民党内閣への影響力もずっと保持している。

退陣の一ヵ月前、森氏はロシアを訪問し、プーチン大統領と会談し、一九五六（昭和三一）年の日ソ共同宣言の法的な有効性を確認する「イルクーツク声明」に署名した。

この時、何も言わないまま、帰ったらすぐに退陣してしまったというのでは、意気投合してこれから二人でやっていこうと言ってくれたプーチン大統領に申し訳ないと思った。そこで外交的には異例のことながら、間もなく辞めるんだとあえて正直に伝えたという。

森氏は辞意を最初に伝えたのはほかならぬプーチン大統領だったと言っている。日本のリーダーとしておかしいと厳しく批判する向きもあるが、これがプーチン大統領の琴線に触れたことは間違いなく、この時の絆が今日まで生きている。

森氏の父、茂喜《しげき》氏は日ソ協会の石川県会長を務め、日ロ交流に長年、尽力した。ロシアはこれを評価し、イルクーツク郊外に茂喜氏の墓所をつくり、分骨されている。森氏もいずれ自分もここに分骨するよう遺言している。

学生時代にラガーだった森氏の口ぐせは「人生はラグビーボールと同じ」。前進せよ、ただし楕円球だからどちらに弾むかわからないという意味である。

森氏の気配りと律義さは日本の政界では裏目に出ることも多かったが、ロシアをはじめとする海外では確かにいいほうに弾んだのである。

第二部　永田町人物列伝

第九話　ヤマテーの矜持

お休みになりました

夜討ち朝駆けは政治記者の常だが、政治家の中には自宅では絶対に記者と会わないという人もいる。自他ともに自民党税制調査会のドンを任じていた山中貞則《やまなかさだのり》氏もその代表格だった。

「ヤマテーはダメだ。行ったらどやしつけられて大変な目にあうぞ」というのが歴代の先輩記者からの引き継ぎだった。

本名の読みは「サダノリ」だが、そう言う人はなく、「ヤマテー」か「テーソク」と呼ばれていた。背が高く、長いもみあげの風貌に加えて、乗っている車もその筋の人のトレードマークになっているような外車で、強面どころか、本当に怖かった。

だが、そうなるとひとつ確かめてみようかという挑戦の意欲も湧いてくる。

そこで――。昼間、永田町で挨拶をしてから、夜間、東京・玉川の自宅に行ってみた。玄関で来意を告げると、お手伝いさんが「どうぞ」と呆気なく家に入れてくれる。応接間に案内された。日本美術刀剣保存協会会長でもあっただけに、刀剣やら甲冑《かっちゅう》やらが飾ってある、いかにもの部屋である。

お茶を出してくれたお手伝いさんに聞くと、「先生はまだお戻りになっていません」とのことだった。なんだ夜回りはダメだなんていうのは伝説に過ぎないじゃないかと思いながら、帰りを待った。

やがて応接間のドアが半分あき、山中氏が顔をのぞかせる。

「昼間、ご挨拶をした者です」と改めて名乗ると、「オッ」と片手をあげて、いったん奥へ入った。機嫌もよさそうである。緊張感も吹き飛び、そのまま待っていたが、お手伝いさんが何度もお茶を替えてくれるものの、本人は一向に現れない。

この間、二時間近く。深夜になって我慢できなくなり、またお茶を持ってきてくれたお手伝いさんに聞いた。

すると——。「先生はもうとっくにお休みになりました」。

結局、一言も話のできないまま退散したが、不思議に怒りは湧かなかった。面白いオッサンだなと笑ってしまった。

今度は朝駆けに行こうかと思ったが、やめた。同僚記者の話が頭に浮かんだからである。

三木武夫内閣の時、山中氏は独占禁止法の改正をめぐっても自民党の責任者だった。同僚記者はこの取材で早朝、自宅に行き、山中氏が出てくるのを待っていた。玄関先で質問をしようとすると、「乗れ」と一言。車に同乗し、話を聞くハコ乗りである。

邪魔も入らず、最も効率的な取材の方法で、あれこれ聞くとそれなりに答えてくれる。目的を達して、黙っていると、「もういいのか」。大体、わかりましたとお礼を言ったとたん、運転手さんに「オイッ」と一言。

とたんに首都高速道路を走っていた車は路肩に寄って停車。また一言。「降りろ」。同僚記者は朝のラッシュ時の首都高で降ろされてしまった。

しかし同僚記者も「なんて奴だ」とは思わなかった。面白いオッサンだなと思ったという。

山中氏は何があっても腹を立てず、「面白いオッサンだな」と思わなければ付き合えない政治家である。

言葉通りの落選

党税調で消費税の論議を開始した時、開口一番、「全員、落選の覚悟で議論しろ」と言った。

その言葉通り、自身が導入を決めた後の一九九〇（平成二）年の総選挙ではわずか二八票差で社会党の候補に負けて、落選の憂き目を見た。それまで一三回連続当選。その前の総選挙では地盤の有効投票の七割を取っており、敗北の予感は全くなかったという。

多くの人は山中氏に同情したが、これこそが「男、山貞」の神話を生み、その後も税調のドンの名をほしいままにできた理由ではないだろうか。今となっては「落ちてよかった」である。

山中貞則

次の九三（平成五）年の総選挙で、山中氏はすでに七二歳になっていた。高齢の候補者の返り咲きは難しい。にもかかわらず、堂々のトップ当選で復活し、党税調の最高顧問となる。

税調は政府と党にあり、政府の方が公式の機関だが、実権は党の方にある典型的な〝党高政低〟の存在。政府の方は軽視され、党の決定を追認するだけと言われていた。

「政府税調を軽視しているのではない。無視しておる」

「税のことは五〇年しかやっていないので、よくわかりません」

言いたい放題だが、誰も逆らえない高みに位置した。

二〇〇一（平成一三）年に小泉純一郎氏が構造改革を掲げて、政権の座についた。構造改革はおのずと税制改革にもつながる。当然、小泉氏も山中氏の事務所にわざわざ足を運んで、協力を要請した。

時の総理の来訪だが、こうした場合、あえて敬意を表さないで、小ばかにするようなことを言うのが山中氏。ところが小泉氏への言動は控えめだった。

なぜか。山中氏は小泉氏が好きだったのである。

小泉氏は自民党内では数少ない大蔵族。衆院大蔵委員会にも宴席などの自分の用事でサボったり、抜けたりする議員が多い中で、きちんと出ていた。これが山中氏のお眼鏡にかなった。小泉氏の父である純也《じゅんや》氏が鹿児島出身であったことも気に入ったのだろう。

ひょっとすると、小泉氏にとって財政や税制よりも、「鼻っ柱の強さ」の方が山中氏の直伝だったのかも知れない。

沖縄への償い

山中氏は閣僚も多く歴任するが、一九七一（昭和四六）年、総理府総務長官として、沖縄返還に尽力した功績が光る。いわゆるニクソンショックの直後で、変動相場制に移行して一ドル＝三〇八円が基軸となっているにもかかわらず、沖縄県民に損をさせるわけにはいかないと、沖縄だけ元の一ドル＝三六〇円での交換を実現した。

交換の際に、復帰前から所有していたドル紙幣であることを証明するため、一枚一枚に確認の印をつける「ドル・チェック」などの大変な事前の作業が必要だった。米国は勝手に印をつけたりすることは認められないと抗議し、施政の責任者であるランパート高等弁務官は「本国の財務省から印のついたドル紙幣は無効という判断が出るかも知れない」と圧力をかけてきた。

さすがに佐藤栄作首相に相談し「ここに総務長官の辞表を持ってきています」と言うと、佐藤氏は「君の辞表を受け取る時は同時に俺も辞める時だ」と応援してくれたという。

ちょうどキッシンジャー大統領補佐官が中国に極秘裏に入り、ニクソン大統領の訪中を日本の頭越しに決めた頃で、正直、佐藤氏も頭にきていた。だから今度はこっちが米国の頭越しでやってやろうという気があったのではないかというのが山中氏の見立てである。

佐藤氏に愛され、復帰後、初代の沖縄開発庁長官にもなった。総務長官二期と合わせて、大事な時期の三期連続の沖縄担当は山中氏の自慢である。

沖縄に尽くそうと思ったのは薩摩藩による過酷な琉球支配への思いからだという。「償いの使者」を自任していた。山中家の先祖は都城島津氏《みやこのじょうしまづ》（北郷氏《ほんごう》）の郷士である。長く沖縄で一番、人気のあった本土の政治家であったことを否定する人はいない。

〇二（平成一四）年、沖縄復帰三〇周年の節目に際して沖縄の有志によって山中氏への「感謝の集い」が開かれる。これに合わせて山中氏の自叙伝と沖縄へのかかわりをまとめた『顧みて悔いなし』を出版する。小泉氏は山中氏を「万年青年」と評し、「読んで悔いなし」との祝辞を贈っている。

復活を果たして、当選回数をまた重ねている頃、山中氏に衆院議長就任の話が来たことがあるという。資格は十分である。

議長になると、開会式で天皇陛下の「おことば」を壇上に上がって頂き、そのまま後ずさりして壇上から降りなければならない。そこで自宅で後ずさりの稽古をした。

山中氏は糖尿病で倒れたりして、右半身にマヒが残っていた。それを見ていた夫人が「そんなことで陛下の前で転びでもしたらどうするんです」とたしなめた。

そう言われてみれば、もし「山中は倒れても『おことば』は離しませんでした」なんていうのが歴史に残るのはどうかと思って、すっぱり諦めたという。

死んでもラッパを離さなかったと言われる日清戦争の木口小平《きぐちこへい》の逸話にかけている。

八五（昭和六〇）年に衆院議長の交代を迫られていた福永健司《ふくながけんじ》氏がなかなか肯んじないので、金丸信幹事長が金丸英語で「リサイタル」と称して、後ずさりのリハーサルをさせ、自ら限界を悟らせたことがあった。そのことも頭にあっただろう。

衆院議長は国会議員にとっては究極の顕職。有資格者は例外なく高齢である。人格、識見もさることながら、後ずさりで階段を降りられることがまずは就任の条件らしい。

便宜的に手を握る

山中氏と言えば、政治的には中曽根派の代貸しを務めたが、中曽根康弘氏とは一貫して微妙な関係にあった。

五二（昭和二七）年、東京・九段に議員宿舎ができた。今の議員宿舎のような高層マンションではなく、木造二階建てだった。一階に中曽根氏、その右上の二階の部屋が山中氏。

中曽根家は小犬、山中家は手乗りの小猿を飼っていた。中曽根氏によると、そこで奥さん同士が「だから犬猿の仲と言われるんでしょうかねえ」と言っていたという。

岐阜に「潜龍」という高級肉料理屋がある。往年の領袖、河野《こうの》一郎《いちろう》氏が「今は雌伏の時だが、将来は大きく羽ばたく者たちの庵にしたい」という意向を示していたので、この名が付いた。

実際、河野氏が率いた春秋会《しゅんじゅうかい》（河野派）の「潜龍」がここに集ったことがある。その時の銘々の揮毫が残っているが、青雲の志を抱いていた若き中曽根氏も山中氏も名を連ねている。

この派閥には園田直《そのだすなお》氏らもおり、いわば曲者《くせもの》ぞろい。河野氏は「一緒の布団に寝られるのは森清《もりきよし》だけだ。あとの奴らはたとえ同志であっても、いつ寝首をかかれるかわかったもんじゃない」と漏らしていたという。

河野氏の死後、河野派は分裂する。森、重政誠之《しげまさせいし》氏らのグループと、中曽根、桜内義雄氏らのグループに分かれたのである。

山中氏は森氏につくと思われていたが、中曽根氏を支持する。山中氏はこの時、「選挙も近いので、仲間を一人でも多く当選させるには、ポスターに『森、重政来る』と書くよりも『中曽根、山中来る』と書いた方が人が集まる。二人の関係は貸し借りなしの対等な関係だ」と言った。

子分になったわけではさらさらなく、「便宜上、手を握った」というわけである。

中曽根派になってからもしばしば大げんかをして、派閥を飛び出しては復帰を繰り返す。

七四（昭和四九）年、山中氏は第二次田中角栄内閣の再改造で自民党政調会長として党三役の一角を占める。しかし金脈政変でわずか二九日間で退陣。後継総裁も椎名《しいな》悦三郎《えつさぶろう》副総裁が中曽根氏を含む四人の実力者の前でいわゆる「椎名裁定」を読み上げ、三木氏に決まってしまう。

党三役は寝耳に水、出番もなく、いわばコケにされたようなものだった。次の三木内閣の党三役には山中氏に代わって中曽根氏が幹事長になる。こうしたことも響いたのか、山中氏は中曽根派を脱会する。が、四年後、再び和解の気運が盛り上がり、双方の利害も一致、出戻って派閥のナンバーツーとなる。

おーい、ナカソネクン

世に「ねじあげの酒飲み」という言葉がある。酒を勧めると、「いやいやもう沢山」と断るが、「それではこの辺で」と引き下がってしまっては大変で、「そう言わずにもう一杯」「どうぞどうぞもう少し」と注ぎ続けないと機嫌が悪くなる人のことを言う。司馬遼太郎氏が『最後の将軍』の中で、将軍職をなかなか受けない徳川慶喜《とくがわよしのぶ》のことを松平春嶽《まつだいらしゅんがく》にこう評させている。

山中氏に日本経済新聞の「私の履歴書」への登板を頼みにいったことがある。山中氏にもねじあげの酒飲みのようなところがあり、応諾してくれるかどうか心配だった。この話を聞いた中曽根氏が何と親切にも山中氏に推薦の手紙を書いてくれた。

「『私の履歴書』も数々あれど、小生のはもちろん大したものではない。傑作は田中角栄氏と金丸信氏。貴兄が書けばこの二人と並ぶものになるでしょう」という有り難い内容だった。

ところがこの手紙に目を通した山中氏はすぐにこれをベリベリと引き裂き、ごみ箱にポイと投げ捨てた。

「角と一緒にするのはぎりぎり許せるとしても、金丸ごときと一緒にするとは中曽根も焼きが回ったな」というのがその理由。

中曽根氏の厚意は一転、逆効果のようになってしまった。が、そこはねじあげの酒飲み、あれこれやりとりの末、結局は引き受けてくれた。

この話を聞いた中曽根氏、別に怒りはしなかった。中曽根氏も山中氏を面白いオッサンだと思っていたのだろう。

ただ一言、付け加えた。

「永田町は嫉妬の海。私が〝心臓英語〟を人前で披露せず、代貸しの山中が〝高一点〟の物腰を改め、そして二人ともあと一〇センチくらい背が低かったら、一〇年早く政権がとれたかも知れない」

並び称するようなこの言い方は泉下の山中氏の逆鱗に触れそうだが、中曽根氏が俳句なら、山中氏は短歌。号は「隼人」である。

軍隊で山中氏は辞世のつもりで大学ノート四冊に二三〇〇首を詠む。

中国戦線で桂林の総攻撃の前夜、未練を断ち切るために私物を全て捨てよとの命令が出た。ドラム缶の火にどんどん私物が投げ込まれている中で、自分が『万葉代匠記』をしっかり握りしめているのに気づく。

いささかの　愛惜を断ち　焚き捨つる
万葉代匠記の　炎よ赤し

この歌は講談社が編んだ『昭和萬葉集』に収められている。

若き中曽根氏は初出馬の際、白く塗った自転車で選挙区を回ったが、山中氏が県議選に出た時は馬である。馬上から左手に手綱、右手にメガホンで演説した。

年齢も若く、当選回数も少ないが、中曽根氏を最後まで「ナカソネクン」と呼んだのも山中氏の矜持である。

秘書官、ＳＰ、総理番を引き連れて国会内の廊下を闊歩する中曽根氏を見つけ、後ろから言葉をぶつけた山中氏の大声が耳に残る。

「おーい、ナカソネクン、世話になっているんだから、挨拶くらいしろよ」

第一〇話　才人と呼ばないで

俳句、絵画、ハーモニカ

政界きっての「才人」は誰だろうか。

いい意味でも、悪い意味でも、多くの人の頭に浮かぶのは宇野宗佑氏である。ところが当の宇野氏は「才人」と評されることが少しもうれしくなかった。むしろ大嫌いだったと言っていいだろう。

俳句、絵画、史伝、ハーモニカ、ピアノ……。自己流で何でもこなし、ほとんどがプロ級の腕前だった。特に俳句は高名な俳人にも感嘆され、質、量ともに本格派だった。号からしてすごい。「犂子《れいし》」である。

「犂」は農具のすき。ここから牛にすきを引かせて耕すの意が出る。「才人」ではなく、黙々と刻苦勉励のイメージが湧く。

宇野氏が句作を始めたのは彦根高商の時代。句会の主宰者がつけてくれた最初の号は「蒼剣」だった。「宗」佑から蒼、「剣」道部員だったことから剣。

そのうちにどうも「蒼剣」がなじまないような気がしてくる。流麗、繊細が自分の句風なのに、いかめし過ぎるというわけである。

そこで水原秋桜子《みずはらしゅうおうし》が「アイウエオ（AIUEO）」の母音でその句の性格づけをしていたことにならい、感覚的に流麗な「エ（E）」と繊細な「イ（I）」を選ぶ。これに子音の中で軽快な「R」を付けて、レイの音を生み出し、今度はこの音の漢字を徹底的に調べて「犂子」にたどりつく。

まことに完璧主義の宇野氏らしい話である。この完璧主義はその後の政治生活にも顔を出す。

国会に議席を得て三年目の一九六三（昭和三八）年、まずは八〇〇句余りを集めた『王廟』を発刊する。学徒出陣、シベリア抑留、選挙出馬などのそれまでの来し方を収めたものである。例えばある政治家を詠んだ、

撫で肩の　諸肌ぬぎし　扇風機

宇野氏が河野一郎氏の秘書をしていたことを知らなくても、河野氏の姿がほうふつとし

てくる。

次いで七八（昭和五三）年、一〇〇〇句以上の歌舞伎俳句を収めた『紅隈』を出す。趣味が高じて句作のために芝居見物に出かけるようになってしまったという。

九〇（平成二）年には俳句の角川から『俳句平家物語』を上梓する。巻第一の祇園精舎から灌頂《かんじょう》巻の女院死去まで六〇〇ページに迫る大著である。

俳句と言えば中曽根氏も有名だが、総裁予備選に出た頃の句作をめぐる宇野氏との会話。

宇野宗佑

中曽根氏「このところ素直に言葉が浮かんでくるんだよ」
宇野氏　「中曽根先生、全国の俳句人口は二〇〇万人とも言われています。その八〇％は演説を聞いて先生を尊敬しています。しかし先生の俳句を見たとたん、八〇％の半分くらいは尊敬の念が薄れてしまいます」
中曽根氏「…………」

冗談めかしてこのくらいのことを言える位置にいたのである。

俳句だけではない。

四八(昭和二三)年にシベリア抑留記の『ダモイ・トウキョウ』を出版。これは後に「私はシベリヤの捕虜だった」の題名で映画化された。

七一(昭和四六)年には天保の義民を題材にした『庄屋平兵衛獄門記』、八四(昭和五九)年には生誕の地の『中仙道守山宿』。

この二冊は貴重な史伝の研究書として、どこの大学の図書館の書庫にも並んでいる。

努力家と言ってほしい

河野氏の秘書としての仲間で、後に文相などを務めた砂田《すなだ》重民《しげたみ》氏が「こんなに忙しいのにどうしてあんなに本が書けるのか」と聞いたことがある。宇野氏の答えは「どうということはない。君がゴルフをしている時に書いているだけだよ」。悪気のないことはわかっているにしても、砂田氏は鼻白んだ。

遅れをとってはならない、落伍をしてはならない——。裕福だが、厳格な生家の教えと、シベリア抑留の体験から、いつも精進に余念がなかった。議員宿舎の部屋で散らばっていたのは原稿用紙と参考図書だけである。

「才人」でなければ何なのか。本人に聞くと、即座に、

「『公』の観念がしみ込んだ『努力家』」

と返ってきた。「努力家」と呼んでほしかったのである。

それだけに外面の良さとは反対に、身内には厳しかった。特に自分の体験もあり、秘書には献身的な努力を求めた。

中曽根派の代表世話人の時、年末の派閥の秘書会に招かれて挨拶したことがある。自分が河野氏の秘書として、早朝から深夜までそれこそ寝食を忘れて尽くしたことを紹介し、負けずに頑張るよう激励した。正論であり、誰も文句は言えない。が、聞いていた秘書群の反応はさっぱりだった。

宇野氏が河野氏の秘書を務めたのは滋賀県議会副議長から衆院選に出て次点に終わり、雪辱を期していた一年余り。河野氏に付いて人に会えばすべて自分の財産になるし、何よりも次の衆院選までという期限付きだった。

それなら秘書として燃焼し尽くすこともできるが、多くの秘書は「職業としての秘書」であり、一〇年、二〇年と馬車馬の如き奉仕は続けられない。

この辺の機微がわかっていなかったのか、あるいは自分が努力しているので、わかっていてもあえて厳しさを求めたのか。完璧主義が覗く。

「春風鉄壁を貫く」

宇野氏が自作としていた格言である。

「忍という字は何と書く。下の心が動いたら、上の刃が落ちてきて、下の心を傷つける」と車の中でよくつぶやいてもいた。

いずれも自分に言い聞かせるものである。実際には妥協を排し、一気に勝負に出がちだった。

行政管理庁長官として、特殊法人の削減、ブロック機関の整理などで成果を生んだ大平正芳内閣の「五五年行革」。この時はこの手法が実現への原動力になった。猛進を心配する大平首相に「一ヵ月でできないものは、一年かけてもできません」と胸を張った。

ただこれが時に特定の事項、人物には著しく攻撃的な形で表れてしまう。相手を息苦しくさせたり、いたずらに敵をつくってしまったりすることにもなった。

つなぎの役割、幸不幸

防衛庁長官、科学技術庁長官、行管庁長官、通産相、外相――。閣僚歴も華麗である。だが本人にはあまり充足感がなかった。

初入閣の田中角栄内閣の防衛庁長官は金脈政変での内閣の退陣でわずか二九日間。行管庁長官も大平氏の急逝で八ヵ月余り、通産相も山中貞則氏が病気で辞任した残りの任期。「才人」と言われることを本人が嫌がっていたので、ここはどんな時、どんな分野でもすぐにこなせる「即知の人」だったと呼んでおこうか。

それが買われての「つなぎの役割」だったが、不完全燃焼であったことは否定できない。が、この「つなぎの役割」が竹下登氏の後継となる望外の総理・総裁の座をもたらすのである。

竹下氏がリクルート事件で謹慎を余儀なくされている盟友の安倍晋太郎氏を気遣い、世代交代の歯車が回らない同世代の宇野氏を「つなぎの役割」で選考したことは間違いない。竹下氏は「一度、下に落としたボールは戻って来ない」と漏らした。時計の針は戻さないが、進めない。

しかし何が幸せで、何が不幸かはプリズム模様の回り舞台である。それでなくてもリクルート事件、消費税導入による逆風が吹いているところに、予期せぬ女性問題が加わり、これが「魔の三点セット」になって、参院選で大敗北を喫する。

代わりに采配をとった橋本龍太郎幹事長が開票速報を見て漏らした「ちきしょう」と、参院で改選分では第一党になった社会党の土井委員長の「山は動いた」の言葉が残る。

宇野内閣は直ちに退陣、在任期間はわずか六九日間。この時点では東久邇宮《ひがしくにのみや》内閣の五四日、石橋湛山《いしばしたんざん》内閣の六五日に次ぐ戦後三番目の短命だった。後に羽田孜内閣の六四日が記録に加わる。

評判の悪さから、自民党総裁として参院選で街頭に立てず、フランスでのアルシュ・サミット（先進国首脳会議）への出席が卒業旅行になった。仕事としては故人となった美空《みそら》ひばりへの国民栄誉賞の授与くらいしか記録にない。

就任の記者会見の雄弁ぶりに「大化けするかもしれない」との声もあったのに、最後の最後でまた本当に「つなぎの役割」に終わってしまったのである。この因縁は何なのか。

東京・神楽坂のカモメと呼ばれる芸者見習いとの関係が問われた女性問題。女性の告白によると、初めてお座敷で会った時、真ん中の指を三本握って「これでどうか」と言われたという。

そこで一ヵ月のお手当が三〇万円。「三本指」が流行語になった。永田町のことである。「カネで女性をとはけしからん」ではなく、内閣総理大臣たるものがたった「三本」なのかという変な批判もあった。

しかしあえて言えば、金額が少なかったのには理由があった。自分のような人間が好意を抱き、しかも誠実に接している。当然、二人の関係はカネだけではないはずなので、この程度にしておくのがいいだろうという気持ちが間違いなく宇野氏にはあった。

そこがよく言えばロマンチストだが、やはり旧家のボンボン育ちであるがゆえの甘さだったのかも知れない。

わしはずっと元気

退陣からほどなくして宇野氏に会った。

「お元気そうで安心しました」と言うと「何を言うとるんや。会う人、会う人、みんなお元気そうでと言うが、わしはずっと元気なのにどうしてそんなことを聞くんや」と叱られた。

東京駅のコンコースを一緒に新幹線のホームまで歩いていると、「アッ、宇野さんだ」の声が四方八方から聞こえる。ちょっと前までは「二階堂さんだ」などと間違えられていたこともあって「随分とみんなに知られるようになったな」とも言った。会釈したりもしている。

政治家というものはすごいと感心させられた。

歴史に「もし」はないにしても、宇野氏も総理に担ぎ出されなければ、女性問題という汚名も着ることなく、わき役であっても何でもこなせる存在感のある政治家で一貫できたはずである。「文人議長」などと呼ばれている姿が想像できる。

実際の宇野氏のその後は体調を崩し、引退を余儀なくされ、寂しい晩年だった。だから総理になりさえしなければ、との思いが側近にはずっと残った。

仕事師として自他ともに任じていただけに、仕事を批判されてではなく、仕事をする間もなかったことも無念の極みだっただろう。

しかし宇野氏自身はわずかの間でも首相の印綬を帯び、歴史に名前を残したことを喜んで、最後まで過ごした。

退陣の弁は「明鏡止水」。

もって瞑すべしである。

第一一話　新生クラブの椅子

控え目に生くる幸せ

永田町に伝えられている最も有名な俳句は何だろう。

以前は俳人としても名の通った政治家がいて、節目、節目の一句が政局に一石を投じたりもした。昨今はとんとお目にかからない。

安倍晋三、野田佳彦《のだよしひこ》、菅直人、鳩山由紀夫《はとやまゆきお》、麻生太郎、福田康夫、小泉純一郎、森喜朗、小渕恵三、橋本龍太郎、村山富市、羽田孜、細川護煕、宮澤喜一、海部俊樹氏……歴代の首相をずっとさかのぼってみるが、出てこない。やっとその前の宇野宗佑氏が本格派だった。

多くの政治家の記憶に残る句となると、中曽根康弘氏の、

くれてなお　命の限り　蟬時雨

といったいかにも「らしい」句に突き当たる。
だが本当にその政治家の代名詞になる句ということになると、藤波孝生《ふじなみたかお》氏の、

控えめに　生くる幸せ　根深汁

を置いて、ほかにはないだろう。根深汁はネギの味噌汁。
号は「孝堂」である。

「未来の宰相」と大方が想定していた藤波氏。それが一転、リクルート事件の受託収賄罪で逮捕され、奈落に沈むとはだれが思っただろうか。
金丸信氏はリクルート事件と無縁で、他の実力者が総退陣のような形になってしまったため、一頭地を抜く存在になった。当時、「江副《えぞえ》（浩正《ひろまさ》・リクルート会長）は将来のある政治家に株を回したが、俺のところには来なかった。将来がないというのもいいことだ」と嘯いていた。その金丸氏が藤波氏の逮捕を聞いて「自民党に三〇〇人の代議士がいるとして、汚れている順番に並べたら、藤波は二九九番目だ」と驚いたくらいで、この逮捕には

藤波孝生

誰もが首を傾《かし》げた。

その頃の建設省、運輸省、農水省などには自民党に強力な応援団がいて、予算をまさに分捕っていた。法務省には応援団などいるはずもないが、藤波氏は矯正施設の修復といったどう考えても票にならないところに目配りしていた政治家だった。それだけに「なぜだ」の思いは本人が一番、強かったはずである。

公判を通じて自分がスケープゴートにされたのだと思っても、一方でその時の内閣の官房長官としてこれを受け入れなくてはならないという責任も感じ、煉獄の火に焼かれる苦しさだっただろう。

早稲田大学を卒業した時、藤波氏と渡部恒三氏は「君、緒方竹虎《おがたたけとら》たれ、我、中野《なかの》正剛《せいごう》たらん」と誓い合って、伊勢と会津に帰る。その渡部氏は東京裁判で弁護士を頼まなかった広田《ひろた》弘毅《こうき》と藤波氏を重ね合わせる。どうしてかと聞かれて、広田は「自分が逃れようとすることは誰かに押し付けようとすることになるから」と言ったという。

渡部氏は「簡単に言えば、自分は関係ないということは誰かが関係あるということだ。これはまさに藤波だ」と無念さの余り常にも増して率直である。

リクルート事件の捜査の終了が見えてきた頃、衆院予算委員会で中曽根氏の証人喚問が行われた。

当時、随一の論客だった共産党の正森成二氏の質疑——。

正森氏「『したたかといわれて久し栗をむく』とは誰の句ですか」

中曽根氏「私の句であります」

正森氏「『控え目に生くる幸せ根深汁』というのは官房長官だった藤波さんの句。控え目な根深汁がしたたかな栗に犠牲を押し付けられたというのが真相ではないのですか」

中曽根氏「句と事件は関係ありません」

低姿勢は正姿勢

藤波氏が自民党内でいわば超派閥的な信望を集めたのは「新生クラブ」という政策集団を主宰していたことが大きい。勉強会の事務所は国会の裏手のTBRというビルの中にあった。

「砂防会館」は田中角栄、中曽根康弘、「赤プリ」は福田赳夫、「自転車会館」は大平正芳、「番町会館」は三木武夫……。こうした派閥の領袖の「次」や「次の次」を窺う者たちがTBRやその近くに相次いで事務所を開設していた。

新生クラブはサロンのような雰囲気で、黒い革張りの椅子がずらりと並んでいた。藤波氏はこの椅子に深々と座り、「低姿勢は正姿勢」とよく呪文のように唱えていた。中曽根首相の下で官房副長官、官房長官として支えていた頃。中曽根氏は「おしん・康弘・隆の里」と忍耐を強調していたが、一般には「レーガン・中曽根・全斗煥《ゼントカン》」とタカ派の高姿勢と見られていたので、ことさらこの呪文を唱えていたのである。

外からの風圧だけではない。内からの嫉妬にも結構、さらされていた。中曽根派内では宇野氏は藤波氏を弟分と思っており、切望していた官房長官に自分がなれず、そのポストを藤波氏が襲ったころから、厳しい言葉を投げつけられるようになった。坊主憎けりゃ袈《け》裟《さ》まで憎し。互いに俳句の世界でも政界では屈指の二人であったことが、句風をめぐるあれこれにまで発展、伝え聞いた藤波氏はまさに苦虫を嚙みつぶしたような表情になった。

しかしことは官邸のかなめの官房長官と派閥で留守を預かる世話人代表の対立。藤波氏は「私がもっと注意しましょう」とつぶやいて、椅子からすっくと立ちあがり、呪文ではなく、宣誓のように「低姿勢は正姿勢」と繰り返した。

やがて藤波氏を不幸が襲い、閉じられた新生クラブの椅子は選挙区の伊勢市内の事務所に移された。地元でこの椅子は「総理の椅子」と言い伝えられた。

新生クラブには若き日の羽田孜、森喜朗、加藤紘一、渡部恒三、山崎拓、麻生太郎氏らのニューリーダーが集い、実際に総理になった羽田、森、麻生氏が座った椅子なのである。藤波氏の「総理の椅子」にならなかったことへの支持者の悔しさもにじみ出ている。

聖跡の乞食

先達の言葉で羅針盤にしていたのが美濃岩村藩から出た儒者の佐藤一斎《さとういっさい》である。

一燈を提げて　暗夜を行く
暗夜を憂うることなかれ
只《ただ》一燈を頼め

「低姿勢は正姿勢」とか「只一燈を頼め」とかを言うと、何やら抹香《まっこう》臭い気がするが、時には憤然として過激なたとえを口にすることもあった。

たとえば「ピラミッドの乞食」。

中曽根氏の後継を安倍晋太郎、竹下登、宮澤喜一の「安竹宮」で争っている時、中曽根氏の裁定で誰が指名されるか、情報は錯綜した。西武鉄道の堤義明《つつみよしあき》氏から「総理は宮澤さんを指名する。全財産をかけてもいい」という連絡を受けて、竹下氏の後見人の金丸信副総理が中曽根氏に電話する。

秘書官が「総理は誰とも話はしない」と伝えると、「副総理が総理に重大な問題で会うというのを断る手があるか。どうなっても知らんぞ」とねじこむ。仕方なく中曽根氏が折り返し、「そんなことを言っている人がいるなら、連れてきて下さい。私は誰とも相談していません」となだめる。

逆に中曽根側近と目される政治家は「安倍さんで間違いない」とささやく。マスコミも少なからず安倍氏に傾く。はっきり「後継は安倍氏」と流すところも出る。

朝刊の締め切りは午前一時。実際に裁定が出たのは零時で、最終版ではどこも間に合って「次期総裁に竹下氏」と書くことができた。しかし、もし裁定が締め切りの後の午前二時以降に出たら、ほとんどの朝刊は「安倍氏が有力」「安倍氏を指名へ」となっていただろう。

そのくらいこの中曽根側近の情報には信憑性《しんぴょう》があり、NHKも「沸く安倍派、消沈の竹下派」というトーンの中継を流していた。

当然、官房長官の藤波氏には担当記者が「安倍さんで決まりですか」と何度も迫る。ここで藤波氏は「そんなことを言っているのはピラミッドの周りにいる乞食の話ですよ」と一喝した。

中曽根側近と称して、意中の人は安倍などと言っているのは聖人の言葉ではなく、聖跡の周りで観光客に物乞いをしている者の言葉に過ぎないという意味である。

実は今にして明かせば、この中曽根側近とは佐藤孝行氏である。ロッキード事件で逮捕された佐藤氏。要職で処遇することができず、中曽根氏は負い目があった。

そこで中曽根氏は佐藤氏が「自分の口」となることを許していた気配があった。中曽根氏の意向を伝える役割を与えることで、それが佐藤氏の力となった。たとえば中曽根内閣で倉成正《くらなりただし》氏が外相になった時、この人事を倉成氏は中曽根氏ではなく、佐藤氏から事前に聞かされている。

のちに「もうころあい」と佐藤氏を橋本龍太郎内閣で総務庁長官に無理に押し込み、世論の反発ですぐに辞任に追い込まれ、中曽根氏は謹慎、順風に乗っていた橋本政権もこれがつまずきの始まりとなったのは周知の通りである。

当然のことながら、自分の希望などはおくびにも出さなかったが、藤波氏の「意中の人」は竹下氏だった。最後のフィクサーと言われた福本邦雄《ふくもとくにお》氏は藤波氏に「歴史的な助言」を受けたと明かしている。

中曽根裁定を前に、竹下氏は安倍、宮澤氏を出し抜く形で中曽根氏と個別の会談の機会を得る。いま昭和天皇に万一のことがあればただちに政治休戦とし、中曽根続投で行くと提案しに行ったのである。

この時、藤波氏から中曽根氏は低血圧で、午前中は意気が揚がらず、活性化するのは夕方からだと教えられ、実際、夜に会談をセットしてくれた。

政治休戦による中曽根続投の提案と、会談の時間の設定が後継の選定に影響したはずだと福本氏は言っている。実際、その後、竹下氏も金丸氏も一貫して藤波氏に好意的な視線を送っていた。

喧嘩の果てに小鳥来る

一審無罪、二審有罪。最高裁は上告を棄却、有罪が確定する。さすがに踏ん張っていた心の芯も折れる。この日から藤波氏は大部の『最澄《さいちょう》』（栗田勇《くりたいさむ》著、全三巻）を読み始める。

最澄は空海《くうかい》の先輩である。留学の際の地位も大きく違う。空海は官給も少なく、本来なら二〇年も唐にいなければならない単なる留学生《るがくしょう》の一人である。

これに対し最澄は官給も潤沢で、完成度がすでに高い僧が就く還学生《げんがくしょう》。有力者の庇護も厚く、成果を早く日本に持ち帰り、役立てねばならないので、期間も短期である。

しかし最澄は空海が帰国後、唐で自分より深く奥義《おうぎ》を学んできたという事実を素直に受け入れ、弟子のように教えを乞うことにも甘んじた。

藤波氏には空海はどうしても自分を売り込もうとするところが目につきがちで、時流に乗らず、自分の信ずるところを諄々《じゅんじゅん》と説く最澄の生きざまが心に染み入り、そこに救いを求めたのだろうか。

「この本がなかったら発狂していたかも知れない」

藤波氏のうめきが聞こえるような言葉である。

有罪が確定してほどなく、藤波氏は皇居の北の丸公園の朝の光の中でずっと秘めていた思いを吐露した。

それは小冊子にまとめられたが、司法への激しい言葉もあり、本人の遺志で公にされていない。表題は「小鳥来る」である。

末尾に一句がある。

今生の　喧嘩の果てに　小鳥来る

第一二話　ハラケンの土下座

胸像はストップ

国会議事堂の衆議院と参議院を両脇に抱えた格好の中央塔。二階から六階までが吹き抜けになっていて、これを中央広間と呼ぶ。法隆寺の五重塔が入る高さと説明される。

そこには四つの立派な大理石の台座があって、議会政治の基礎をつくった伊藤博文《いとうひろぶみ》、板垣退助《いたがきたいすけ》、大隈重信《おおくましげのぶ》の三体の銅像が載っている。

残りの一つは銅像がなく台座だけである。この三人に匹敵する人物を選べないからだが、「政治に完成はない」という未完の象徴ともされている。

ただ国会議員の秘書が地元の後援会を国会見学で案内する時は、「ここはウチの先生の銅像が建つときのためにとってあります」と言うのが常である。

ここまでは多くの人の知るところだろう。が、衆議院の玄関にも胸像があることはあまり知られていない。

「名誉議員」という称号がある。五〇年にわたって国会議員を務めた人に資格が与えられる。

これまでに五〇年を達成したのは尾崎行雄《おざきゆきお》、三木武夫、原健三郎《はらけんざぶろう》、中曽根康弘、桜内義雄氏の五人。桜内氏は参院議員との通算、あとの四人は衆院議員だけである。

海部俊樹氏は二〇〇九（平成二一）年夏の衆院選で落選、引退した。記録は当選一六回、在職四八年九ヵ月。悔しかったのは厳しい情勢にもかかわらず、政治活動を続けたいという一心から出馬したのに、「胸像ほしさ」と揶揄されたことだという。

この胸像は名誉議員になると、国会内に建てられる。しかし、実際にいまあるのは尾崎、三木氏の二人だけ。原氏のところでストップしているのである。

尾崎氏は「憲政の神様」、三木氏も「議会の子」と呼ばれ、国会に胸像が置かれるのにふさわしい。「それに比べて原氏は……」というわけかと思ってしまうが、そうではなくて「財政難」が理由ということになっている。

その本当の理由が何かは別として、もう胸像が建つことはないだろう。かつては五〇年というのは驚くべき長さだったが、若くして当選した世襲議員が続出、しかも長寿になって、今後、五〇年の資格をクリアする人が続出するからである。

たとえば一九六九（昭和四四）年に二七歳で当選した小沢一郎氏は間もなくである。原氏はいい「歯止め」になっている。

エノケン、ピスケン……

原氏はなんと衆院連続当選二〇回。労相二回、国土庁長官、北海道開発庁長官、衆院副議長、衆院議長といかめしい経歴だが、永田町や選挙区では「ハラケン」と呼ばれて親しまれた。

ハラケンというのは早稲田大学の先輩がつけた愛称で、もちろん原健三郎という名前を縮めたものだが、単にそれだけではない。初出馬の頃、有名だった人物にひっかけたという。

一人は喜劇王として一世を風靡《ふうび》したエノケンこと榎本健一《えのもとけんいち》。もう一人は同じ兵庫県出身でピストル強盗で有名になった守神健次のピスケン。この二人にハラケンを加えて、有名な「三人のケン」と演説。これがわかりやすいと定着し、ポスターの名前の横にもハラケンと大書していた。ハラケンでも有効票である。

本人もお気に入りで、米国でも「ン」のつく政治家は大物が多い、ワシントン、リンカーン……とやっていた。選挙区の淡路島では「ハラケン」が苗字で、名前が「サブロー」と思い込んでいる人もいたという。

「渡り鳥」シリーズ

小林旭《こばやしあきら》がスターダムにのしあがった「渡り鳥シリーズ」。

名画座などで目を凝らして見てほしい。映画の冒頭に「原作者　原健三郎」と出てくる。今ではまさかと思う人も多いだろうが、これはこのハラケンである。

第一作は「ギターを持った渡り鳥」。馬に乗った小林旭が訪れた土地で悪役をやっつけ、ヒロインの浅丘《あさおか》ルリ子を助ける。当然、二人は恋におちるが、旭は一人、去っていく。基本的にはどの作品もこのストーリー。米国に留学していた頃、休みには必ずジョン・ウェインの西部劇などの映画を観に行っていた。それが活きたという。

原氏は郷党の先達、「粛軍演説」で有名な斎藤隆夫《さいとうたかお》がエール大学に留学してから政治家になったのにならい、早稲田大学を出てから米国に渡り、オレゴン州立大学に入っている。

ちょっと横道にそれるが、米国での留学を終え、欧州に渡った時、ドイツでヒトラーに会ったのが自慢である。本人の弁では「単独会見」だが、日独伊三国同盟締結の立て役者で、ヒトラーに気に入られていた大島浩《おおしまひろし》大使にくっついて行ったということなのだろう。ナチスがもっとも重要視しているのは何かと英語で聞いたら、「熱烈な国民の意気」であるとの回答があったという。

この後、イタリアに回り、杉村陽太郎《すぎむらようたろう》大使にもムッソリーニに会いたいと陳情したが、これは実現しなかった。

閑話休題。

「渡り鳥シリーズ」の原作者と言っても、実際には毎回、毎回、具体的にシナリオを書いたわけではない。早稲田の同級生が児井英生《こいえいせい》氏という日活のプロデューサーで、西部劇の素晴らしさをしゃべったら、これはいけるとピンときて、アイデアを採用したということらしい。

原健三郎

本人は「ワシがストーリーを書く、それを脚本家の山崎巌《やまざきがん》さんや松浦健郎《まつうらけんろう》さんがシナリオに仕上げる。齋藤武市《さいとうぶいち》さんが監督するんや」と具体的な布陣まで挙げていた。いずれにせよ原作者は原作者である。

「渡り鳥シリーズ」だけでなく、「流れ者シリーズ」などの派生した作品も多い。街に貼られた映画のポスターに名前があれば問い合わせは来るし、何しろこの縁で選挙の時は小林旭が応援に来る。日活の後輩には渡哲也《わたりてつや》もいる。

「『ハラケン来る』と言ったって人は集まらない。『小林旭来る』なら女性も子供もいっぱいや。カネもかからんし、宣伝もマイクでちょっと叫んだらすむ」と、その効用に感謝していた。

戦後第一回から二〇期

戦前、講談社に一九二〇（大正九）年から続く「現代」という月刊誌があった。「中央公論」や「文藝春秋」と並ぶ講談社の看板の一つだった。

六六（昭和四一）年に新しい「現代」として復活、二〇〇九（平成二一）年の一月号まで発刊された。「週刊現代」はこのスピンオフの名前である。原氏はこの「現代」の戦時中の編集長だった。

講談社の創業者である野間清治《のませいじ》は孟子を引いた「道は近きにあり」という人生観を披露していた。原氏はこれに感銘を受け、三七（昭和一二）年、当時の大日本雄弁会講談社の門を叩く。圧倒的な部数の「キング」をはじめ、「少年倶楽部」「講談倶楽部」などの雑誌が大人気で、原氏によると「三井、三菱、野間」と言われるほどの勢いだったという。時に三〇歳。英語ができるので、講談社ではまずは外国部に配属されたが、その頃から国政に打って出る機会を窺っていた。

戦時中の四二（昭和一七）年はいわゆる「翼賛選挙」でもあり、自重した。大政翼賛会の推薦を受けない「自由候補」で当選した留学生仲間は三木武夫氏だけだった。

そして四六（昭和二一）年、戦後の第一回衆院総選挙を迎え、斎藤隆夫らがいた日本進歩党から立候補して初陣《ういじん》を飾る。

この時は田中角栄氏も新潟で出馬したが、落選しており、第一回からずっとは永田町ではすごい〝勲章〟となった。

六八（昭和四三）年、佐藤栄作内閣で初入閣、労相となる。週休二日制の導入をいち早く唱えたり、戦闘的だった労組との融和を図ったりで、「ハラケン労政」などという言葉も出た。これが評価されたのかどうか、一年半だけ空けてまた労相で再入閣する。

ところが七二（昭和四七）年、地元の洲本市民会館での成人式に出た時に「まじめに働かんと、しまいには養老院行きになってしまうぞ」と発言、佐藤内閣末期のいわゆるトカゲの尻尾切りの憂き目にあってしまう。

その夜、読売新聞から問い合わせがあり、翌日の朝刊に「老人福祉に水を差す労相にあるまじき発言」と大きく出てしまい、各紙も追随する。国会もストップ、ちょうど予算審議の大事な時期でもあり、「怠け者になるな」が真意と弁明したものの、二週間後には辞表を出さざるを得なくなったのである。

これですっかり失言癖のイメージがついてしまい、リカバリーして次に入閣するまで今度は八年半を要することになる。

ハラケン落とせば橋落ちる

政治家となった原氏が一貫して実現を目指したのは明石海峡大橋の架橋である。阪神と淡路島間は四キロもある。海にこんな長い橋が架かるとはなかなか現実的に思われない時代だったので、自慢のハラケンならぬ「ホラケン」とも呼ばれ続けた。

原氏の発想は米国に留学していた時、サンフランシスコのゴールデン・ゲート・ブリッジを見たことからきている。三七（昭和一二）年に完成しているのである。米国にできたものが日本でできないはずがないというわけだが、本州と四国の各地域の誘致合戦、建設相として明石・鳴門ルートが優先と言ってくれた河野一郎氏の急死、石油危機での工事中止、鉄道併設の要望……。

行けると思ったそばから難題が次々に襲ってくる。この間のキャッチフレーズは「ハラケン落とせば、橋落ちる」である。それだけに実現した明石海峡大橋は現職の国会議員として何としても渡りたかった。

しかし衆院議長もやったので、もういいだろうという空気、小選挙区制になって選挙区が変わり、大票田の地盤を失ったハンディ……。結局、予想通りというか、九六（平成八）年の衆院選では小選挙区で落選してしまう。ところが、あきらめたところで比例代表でしぶとく復活。九八（平成一〇）年四月五日の開通式で現役のままで渡るという夢をかなえた。

「生涯現役」「一〇〇歳まで議員」を唱えてきたが、この時、やることはやり、思い残すことはないと引退を決めた。

二〇〇一（平成一三）年五月、淡路島に「架け橋」の功績を称えた銅像が建った。「感謝、感謝や。国会の銅像なんていらへん。除幕式にこれだけの人が集まってくれた。また選挙に出よか」と最良の日を迎えたのである。

原氏で有名なのは選挙の演説中の土下座で、「土下座なんてしてると議長にはなれないぞ」などと言われていた。しかし、実際に土下座をしている姿を見た人にはなかなか会わない。

間違いなくよく土下座をしていたのは万悧子《まりこ》夫人である。賢夫人の誉れ高く、腕に添え木と包帯という姿で壇上に立ち、「いつも皆様にお骨折りを頂いているので、今度は私が折ってみました」といったウイットに富む挨拶をしていた。

候補者名を書いたたすきを掛けて立つ原氏の巨体の横で土下座する夫人。これは写真がいくらでも残っている。

原氏のもう一つの呼び名は「政界渡り鳥」。戦後の混乱期なので、日本進歩党、民主党、同志クラブ、民主自由党、自由党、自由民主党と所属政党の名前が変わるのは仕方がないが、自民党の派閥も大野伴睦《おおのばんぼく》派、船田中《ふなだなか》派、中曽根派と移った。

原氏の中選挙区時代の選挙区は兵庫二区。土井たか子、冬柴鐵三《ふゆしばてつぞう》、堀昌雄《ほりまさお》氏らの強豪がひしめいていた。

ちなみに、最近、「政界渡り鳥」は小池百合子《こいけゆりこ》氏の代名詞になっている。小池氏も父の勇二郎《ゆうじろう》氏も、もともとの選挙区は原氏と同じ兵庫二区である。

第一三話　宇宙人の「させて頂く」

定着どころか蔓延

民主党どころか、その後継の民進党も存在が定かでなくなってしまった。そのせいもあってか、一〇年たらず前に、民主党政権が誕生し、鳩山由紀夫氏が首相だったこともおぼろげである。

鳩山氏が何をなしたのかもなかなか記憶が蘇らない。そのちょっと奇抜な言動から「宇宙人」と呼ばれたが、昨今は時折、世界各地の思わぬところに出没している。

が、鳩山氏がしっかりと永田町に残し、定着したばかりか、芸能界をはじめ、各界に広がったものがある。それは——。

「させて頂く」という表現である。

一九九六（平成八）年、日本経済新聞のコラムで、僭越ながらちょっと警鐘を鳴らしたことがある。当時、「芸能人は歯が命！」というコマーシャルが人気を博していたので、「政治家は言葉が命」という見出しにした。

ことの起こりは新党の旗揚げに当たって、新党さきがけを離党した鳩山氏の記者会見である。

「私もさきがけの代表幹事をさせて頂いた者として、深く反省をさせて頂いておりました」

「政治の閉塞感を打破するために掲げさせて頂いております『友愛』という理念の旗の下に」

「政財官の癒着構造を断ち切る覚悟で臨ませて頂く必要があります」

のちにソフトクリームとあだ名された鳩山氏の優しげな表情と相まって、どうもこの丁寧な言い回しが心に響いてこない。「させて頂く」だけが耳に残った。

別途、配られた「わがリベラル・友愛革命」という小冊子を広げてみた。鳩山氏の発言と同じことが書かれているのだが、こちらはストンと腑に落ちる。

なぜだろうかと考えて、すぐわかった。小冊子の方には「させて頂く」がないからである。

何も誰かの許可を得る必要はないのだから、「反省をさせて頂く」のではなく、大いに反省してくれればいいし、旗も「掲げさせて頂く」のではなく、自由に掲げてくれればいいのである。

肉声よりも、活字の方が胸を打つというのでは「言論の府」に身を置くものとして、寂しいではないかという趣旨である。

想定外の反響があり、何と同業他社の朝日、毎日、読売、産経新聞が様々な形で取り上げてくれて、「週刊文春」にも載った。今でも時折、問題になって、批判の論評が出る。

ただこれは別に鳩山氏が初めて使ったわけではない。

当時の国会でも、

「お時間を頂いて、質問をさせて頂きます」（衆院予算委員会、自民党）

「質問をさせて頂きたいと思います」（衆院運輸委員会、社民党）

「わずかな時間でございますが、質問をさせて頂くわけでございます」（衆院安全保障委員会、新進党）

とすでに蔓延していた。

が、鳩山氏の記者会見でこの言葉がクローズアップされたことで、イメージにも合った鳩山氏が「生みの親」のようになってしまった。この点は申し訳なく思う。

ちなみに共産党だけは「総理大臣に沖縄の問題から伺いたいと思います」（松本善明《まつもとぜんめい》氏、

衆院予算委員会）と、「質問させて頂く」ではなく「質問します」型だった。

奉仕の心から？

「させて頂く」のルーツは宗教的なところにあるらしい。例えば浄土真宗はすべて阿弥陀如来という他力によって「生かさせて頂いている」というのが教義である。

司馬遼太郎氏もこの語法はそこから出ているると解説する。

「真宗においては、すべて阿弥陀如来——他力——によって生かしていただいている。（中略）家族もろとも息災に過ごさせていただき、ときにはお寺で本山からの説教師の説教を聞かせていただき、途中、用があって帰らせていただき、夜は九時に寝かせていただく」

「それ（筆者注：他力）によって『お蔭』が成立し、『お蔭』という観念があればこそ、『地下鉄で虎ノ門までゆかせて頂きました』などと言う。（中略）自分の足と銭で地下鉄に乗ったのに、『頂きました』などというのは、他力への信仰が存在するためである」（『街道をゆく～近江・奈良散歩』）

初めてこの言葉に何かおかしいなという印象を持ったのは公明党の竹入義勝《たけいりよしかつ》委員長が

「このたびアメリカに行かさせて頂きまして」と「させて頂く」を連発していたのを聞いた時である。公明党の場合は確かに誰かの「お陰」と思っているかもしれないなと変に納得した。

一般にも宗教団体の奉仕活動などでは「奉仕させて頂く」と言うから、「させて頂く」は奉仕の心の表れかもしれない。

そうなると鳩山氏の「させて頂く」も国民の奉仕への観点からは目くじらを立てることもないとも言えるが、疑獄事件の証人喚問などでも、追及する国会議員が「ご質問させて頂きます」とやっているのは、やはり頂くではなく、頂けない。

トラスト・ミーの蹉跌《さてつ》

「させて頂く」ではないが、鳩山氏は政権交代を実現し、首相に就いてからも、結局、自らの言葉の軽さで追い詰められる。

「『最低でも県外』の方向で積極的に行動したい。米国と徹底的に議論して信頼関係を築けば何事も不可能ではない」

二〇〇九（平成二一）年、政権獲得の足音が聞こえてきた頃、沖縄市内で開いた集会

鳩山由紀夫

で、鳩山氏は米軍普天間基地の移設について、こう明言した。

その後もこの発言を繰り返し、政権誕生と同時にこれが大変な足かせとなる。来日したオバマ米大統領との会談でも、普天間問題をできるだけ早い時期に解決するという基本姿勢を示した後、のちのちまで語り草となる発言をする。

「トラスト・ミー」（私を信じてほしい）

しかし普天間問題は全く進展せず、沖縄には顔向けできず、オバマ氏の信頼も失うという袋小路に追い込まれる。結局、一〇（平成二二）年五月、仲《なか》井《い》真《ま》弘多《ひろかず》沖縄県知事との会談で「最低でも県外」を撤回。「県内移設」を明言する。

そのうえ「学べば学ぶにつけ、海兵隊のみならず、沖縄の米軍が連携して抑止力を維持しているとわかった。浅かったと言われれば、その通りかも知れない」と発言してしまう。率直だからいいというものではない。

「小鳩政権」という言葉はそもそも小沢一郎幹事長と鳩山氏の政権という意味だった

が、ここへきて頼りない政権という意味になってしまった。「沖縄に新たな基地をつくるというのは国民の信頼を裏切ることになる」として、社民党は連立から離脱する。結局、「政治とカネ」で身動きがとれなくなっていた小沢氏と刺し違える形で、ともに退陣するほかに道はなかった。

今に続く政権交代への幻滅はここに端を発している。

お地元でお訴え

最近はまっとうな敬語も使えないようなタレントも、所属事務所から言われているのだろうが、「共演させて頂きました」などと「させて頂く」だけは必ずと言っていいほど連発しており、その広がりには驚くほどである。

政治の世界でよく使われる「目線」という言葉も、もともとは写真撮影などの際、「はい、こちらに目線ください」という業界用語だったが、すっかり「庶民の目線」などという形で定着した。本来は「庶民の視点」だが、視点と視線が合わさった「上から目線」などはわかりやすい。

ただ「お地元」とか「お訴え申し上げる」というのはどうなのだろう。あの宮澤喜一氏でさえ、総裁候補として小沢氏の〝面接〟を受けた際に「昨日は大幹事長のお地元に行ってまいりました」などとゴマをすっていた。

本来、地元という言葉には敬語も丁寧語もなく、地元はあくまで地元である。

しかし選挙の応援演説などでは必ず「○○先生の『お地元』」と言い、何事かを「訴える」ではなく「お訴え申し上げる」と言わないと議員仲間では逆に違和感を持たれてしまう。

今宵も国会議事堂にほど近い赤坂、六本木などの料理屋やカラオケ店で、「○○党の××。一曲、歌わさせて頂きます」とやっているのである。

第一四話　「宰相夫人」管見

二人三脚、弥次喜多道中

国会議員は何百人もいるのだから、その伴侶も何百人もいる。

お目にかかったのはほんのわずかであり、まさに「管見」中の「管見」だが、実際に言葉を交わした夫人に限って、紹介しよう。

とてもウイットに富んでいたと思うのは、ご主人のイメージと違ってと言ってはいけないが、鈴木善幸氏のさち夫人である。

談笑しながら鈴木氏が手にとったウイスキーのグラスを回すと、中に入った氷の音がカラカラと聞こえるというので、「カラカラ亭」と呼ばれていた自宅に伺い、鈴木首相の時代は首相官邸の担当だった。

一九八二（昭和五七）年秋、鈴木氏は日中国交正常化一〇周年を記念して中国を訪問した。総理在任中、最後の外遊で、帰国後、ほどなくして退陣を表明する。

出発の日、飯田蛇笏《いいだだこつ》を継いだ龍太《りゅうた》氏に師事していたさち夫人は一句、披露した。

女ひげ　そりて旅立つ　萩の朝

大事な旅を前に、女の身ですらうっすらと生えているヒゲをあたり、身を清めて出かけよう——という意味だが、今から見れば何やら「決意」を秘めていることが匂ってくる。そのうえ羽田空港に見送りに来た二階堂進幹事長に「大変、お世話になりました」と挨拶したという。

ところが同行記者は機内に入ってしまっていたこともあって、誰もあまり反応しなかった。「和の政治」で自民党内に目立った軋轢《あつれき》もなく、実力者も軒並み支持しており、鈴木氏が次の総裁選に出ないとは誰も思っていなかったのである。

日程の最後に上海で鈴木氏は同行記者と懇談した。コンニャク問答であったことは事実だが、翌日、どの新聞も濃淡はあっても「鈴木首相、再選に自信」と報じ、「事実上の出馬表明」とまで踏み込んだところもあった。東京から送られてきたFAXで紙面を見て、さち夫人はオヤオヤと思ったという。

時の総理がどこまで気持ちを夫人に伝えているかの格好の研究材料で、後にさち夫人は退陣を表明する前日に声明文を書いているのを見て、初めて知ったと言っているが、これはウソである。訪中の前に少なくとも以心伝心でわかっていたのは間違いない。

ちなみにこの訪中には三女の千賀子《ちかこ》さんも同行した。当時は独身で、鈴木氏が可愛くて離したがらないとか、心臓が悪いからとか、なかなか結婚しない理由がささやかれていた。

ところが息切れしている男性陣を尻目に、万里の長城（八達嶺《はったつれい》）のてっぺんまでぐんぐん登っていく。「心臓が悪いなんてウソですね」と聞くと、ウフフと笑った。間もなくあの麻生太郎氏と結婚したのには驚かされた。千賀子さん三三歳、麻生氏四三歳である。

中曽根康弘首相が鈴木氏から事実上の禅譲を受けながら、「私が就任した際、日米関係は閉塞状態だった」とやって、鈴木氏の機嫌を損ねたことがあった。そのせいか一時、中曽根氏が鈴木氏を料理屋でもてなすことが続いた。

しかし片や風呂場で勉強した「枯葉」をフランス語で歌う人であり、片や書物と言えば『大日本水産会百年史』（鈴木氏は水産講習所卒）ぐらいしか読んだことがないとまでいわれた人である。

当然、文化談議に花が咲くはずもない。逆に政治談議をしたら、抜き差しならないことにもなりかねない。

そこで中曽根氏は蔦子《つたこ》夫人を同伴、さち夫人も一緒に招いて「夫婦の会」にした。これで中曽根氏とさち夫人の共通の趣味である俳句談義もすることができ、座は盛り上がった。

どんな結婚生活でしたかと聞くと、間髪を容《い》れず、二人三脚の「弥次喜多道中」と返すのが定番だった。

鈴木氏の信頼が厚かった東京新聞の宇治敏彦《うじとしひこ》氏によると、総理在任中、さち夫人はいつも「足元の明るいうちに帰ってきて下さいよ」と声をかけていたという。玄関先での日々の生活の出がけの挨拶にして、長い政治の道にかけた一言。

これが鈴木夫妻と鈴木家のすべてを物語っている。

結婚詐欺のウマとトリ

さち夫人が「弥次喜多道中」なら、中曽根氏の蔦子夫人はいつも「結婚詐欺」と言っていた。

蔦子夫人は中曽根氏の海軍の同僚の妹で、中曽根氏が海軍主計中尉として勤務していた台湾から内地へ出張した際、手紙とカラスミを託され、実家に届けたのが縁の始まり。蔦子夫人の父の小林儀一郎《こばやしぎいちろう》氏は戦前、アジアの地質調査を手掛け、戦後は国内各地の温泉の発掘に貢献した理学博士。学者の家であり、中曽根氏が内務省の官僚だったところから、「役人なら安心だ」ということで結婚した。

ところが中曽根氏は終戦になると内務省をやめ、群馬県から衆院選に出てしまう。「目下、選挙運動中。すぐ東京を引き揚げて来い」とのハガキ一枚で高崎に呼び寄せられた。長男の弘文《ひろふみ》氏（参院議員）はまだ乳飲み子、長女の美智子《みちこ》さんがお腹にいた。

初出馬で女性票も当てにしており、別に隠すわけではないけれど、妻子の存在をことさら大っぴらにすることもないという選挙戦術。裏方として来る日も来る日も薪を割ってかまどの火を起こし続けた。

投票日を迎える頃には疲労困憊《こんぱい》、もう座っていることすらできなくなって、倒れてしまわないように、目の前の炬燵《こたつ》の二本の足を両手で握って身を支え、来客に頭を下げる。涙を見せまいと押し入れの布団に頭を突っ込んで泣いたりしたという。

蔦子夫人によると、結局、中曽根氏はウマで、自分はトリだったという。

「ウマは背が高くて、ニワトリは足元でチョロチョロしている。突然、『行くぞ』と言われて、蹴られたりして、いつも追いかけている」

大河ドラマで馬に乗った織田信長《おだのぶなが》の後を必死で駆けている足軽を見て、「これなんだわ」と思いついた。実際、中曽根氏は午年《うま》、蔦子夫人は酉年《とり》である。

中曽根氏はずっと東京・目白に住んでいたが、総理の座が見えてきた頃、東京・上北沢にあった巨人軍の長嶋茂雄《ながしましげお》氏の旧邸を借りていったん転居する。東急グループの総帥、五島昇《ごとうのぼる》氏の紹介だが、決め手は長嶋氏の亜希子《あきこ》夫人が「この家にいたころは巨人軍もV9、子供たちもみんなここで生まれていいことばかりでした。田園調布の今の家に引っ越してからはいいことがあまりありません」と蔦子夫人に話したことである。

総理在任中は首相官邸とつながる公邸に住む。もともと古く薄暗い公邸だが、ある日、中曽根氏が公務を終えて引き揚げてくると、蔦子夫人が灯りもつけず、一人ぽつねんと座って厳しい政権への批判を流しているテレビを見ていた。その後ろ姿に声をかけることができなかった。

総理の座を降りてから、蔦子夫人の健康を祈りながら、罪滅ぼしの句を詠んだ。

眠り落つ　妻の寝息や　秋深し

元日から暑中見舞い

その蔦子夫人と福田赳夫氏の三枝《みえ》夫人を相手に、選挙区でしのぎを削っていたのが小渕恵三氏の千鶴子《ちづこ》夫人である。

田中角栄氏は「奥さんを使う気なら徹底的に表に出せ。そうでないなら家から一歩も出すな」と新人候補や若手議員に教えていた。自身は選挙にはな夫人を初出馬から引退までまったく出していない。

しかし定数四で、そのうちの自民党の三人が全員、総理になった群馬三区ではとてもそんなことは望めない。「福田料亭」「中曽根レストラン」と言われた中での「ビルの谷間のラーメン屋」である。表情も物腰もとても柔らかい優しい女性だが、選挙区にいる時は一日二〇〇人と握手しないうちは眠らないというノルマをずっと課していた。

竹下登氏の直子《なおこ》夫人には三人の娘さんがいる。名前がユニークである。

長女は一子さん。知らない人には「かずこ」さんと呼ばれるが、「いちこ」さんである。金丸信氏の長男、康信《やすのぶ》氏（テレビ山梨社長）の夫人。これは竹下氏がよく口にしていた

「言語明瞭、意味不明」ではなく、一番に生まれたからとあまりにも簡単明瞭である。

次女のまる子さんも単純明快に縁起のいい○。竹下氏は「○子」でもいいと言っていたというが、さすがに役所も受理しないだろうということで、まる子。それなら三女は「×子」と言うわけにはいかず、ちょっと真面目に公に奉仕する公子さん。

竹下氏は「一子は選挙に出た時にすぐ覚えられるように。まる子は大学時代にマルクス・レーニン主義にかぶれたから」と言っていたが、これは後講釈。何かに凝ったり、こだわったりせず、さらっとというところからきている。

実は次女と三女の間に長男が生まれている。生後、すぐに亡くなったが、早産だったので、当時の強さの象徴だったプロレスの力道山《りきどうざん》からとって、力道《りきみち》と名付けた。

もちろんすべて竹下氏がつけた名前だが、あれこれ言わずに直子夫人もＯＫを出したわけで、竹下夫妻の本来のネアカさがうかがえる。

支持者への手紙も有力な武器である。

自民党副総裁だった二階堂進氏の添《そえ》夫人は鹿児島の選挙区の後援者にハガキをせっせと出していた。

自筆でなければ効果がない。あまりに枚数が多いので、暑中見舞いを出し終わると、年賀状を書き始め、元日からまた暑中見舞いを書き始めた。

二階堂氏は本人も間違いなく権力者なのに、偉ぶる人への敵愾心《てきがいしん》を宿し、自分に言い聞かせるように「己を尽くして人を咎《とが》めず、我が誠の足らざるを尋ぬべし」と西郷南洲《さいごうなんしゅう》の言葉をぶつぶつ言っているような人だったが、その陰では添夫人の不断の努力があったのである。

健康管理人すみ子

選挙区を守ることと並ぶ夫人の大事な役割は健康管理。

ミッチーこと渡辺美智雄氏は東京・九段の議員宿舎に住んでいたが、部屋のドアには「お互いの幸せのため、○○時以降の応対はいたしかねます。健康管理人すみ子」という墨痕鮮やかな夫人の自筆の張り紙があった。新聞記者の「夜討ち」を撃退するためのもので、○○時は状況に応じて変動した。

実は渡辺氏がすみ子夫人に結婚を申し込んだ理由の一つは字が上手だったこと。当時、渡辺氏は栃木県西那須野町（現那須塩原市）で税理士事務所を開業しており、珠算もできるとあって、事務所ですぐに使えるという計算もあったという。

そんなすみ子夫人の手による張り紙だから、学校の書道のお手本のようで、取材の邪魔だったが、変に感心してしまった。

渡辺氏は結婚に際して新聞記者のライバルがいたそうで、河原で決闘してすみ子夫人をゲットしたと言っていた。

同じ議員宿舎の羽田孜氏の綏子《やすこ》夫人はいつでも「子供が受験勉強中だから遠慮して」。あまりにこれが続くので、担当記者からは「いつまで受験しているのか。よほどできないんだな」との皮肉も飛んだ。その子供が今は参院議員の雄一郎《ゆういちろう》氏である。

伊東正義氏の家にはドクターストップならぬ「夫人ストップ」という言葉があり、疲れていると見て輝子《てるこ》夫人が待ったをかけると、伊東氏は外出禁止になった。

最近は永田町と言えば芸能界と並ぶ男女の愛憎劇の舞台と化しているが、本来は「吾輩は二のつくものと縁がない」と奥方至上主義で知られた福田氏の言う「感謝、感謝、大感謝」の世界なのである。

第三部　新聞記者見聞録

第一五話　首相動静

「総理番」という追っかけ

新聞の二面や政治面の下に時の首相の動きを時々刻々と記録した欄がある。

新聞によって呼び名が違う。

朝日「首相動静」
毎日「首相日々」
読売「○○首相の一日」
日経「首相官邸」
産経「○○日誌」
東京「首相の一日」

である。

首相の動きはどうカバーしているのか。以前は私邸の出発から、官邸や国会での公務、夜の宴席から帰宅までを全社が「総理番」を出して、マークしていた。

わかりやすく言えば、全社がフルに首相の「追っかけ」をしていたのである。

それが変わったのは追突事故である。首相が私邸や官邸から外へ出ると、パトカー、総理車、追尾用車、秘書用車、遊撃用車、通信社用車の順で一緒に走る。パトカーは先導、追尾用車、遊撃用車は警備の警察車両である。これだけでも相当な車列になるが、かつてはこの後に各社の「総理番」車が続いていた。各社ごとだから合わせて一〇台以上になる。

総理車は信号などは赤信号でもスルーだから、スピードもかなり出ることがある。追いつけないことのないように、「総理番」車も二〇〇〇cc以上という暗黙の決まりがあった。

ところが長い車列なので、時に「総理番」車の追突事故が起きた。大名行列みたいで見栄えも悪い。その後、「総理番」車は相乗りにして、縮小を図ったが、それにしても、一緒にくっついているだけだから、無駄な感じがぬぐえない。人員も経費も大変である。

そこで平常時は私邸や道中の動静は共同、時事の両通信社にまかせ、各社は官邸についてから官邸から出るまでだけ「総理番」を出すことになった。ホテルでのパーティーなどはくっついては行かず、先回りしてカバーする。

官邸に首相を訪ねる来客があれば、かつては玄関から総理執務室までの間の立ち話で用件を聞き、出がけには総理との面会の内容を玄関から出るまでに取材して、関係方面に連絡する。

たとえば日銀総裁が来れば、経済部の日銀記者クラブにまず「総裁が来た」と一報、官邸を出たとの連絡を受けて、今度は日銀クラブの記者が日銀で待ち受けて、総裁を取材する。これで「首相、日銀総裁と会談」という記事ができるのである。

この「総理番」による首相動静は取材のための新聞社の「内部情報」だった。したがって何時何分に誰が来たか、誰が一緒か、どのくらいいたかなどは紙面には載っていなかった。

ロ事件で証拠採用

これをもったいないと思ったところがあった。日本経済新聞の政治部である。政治面の下に「首相官邸」という欄をつくった。各社が軒並み同じように載せるようになったのはロッキード事件からである。

たとえば一九七二(昭和四七)年八月二四日付の日経の「首相官邸」(二三日の動静)には、

首相官邸

23日

▽午前7時　私邸で小林日本電気社長、桧山丸紅社長ら十五組の訪問客と会う。

▽午前10時　官邸で大平外相ら外務省幹部と訪米勉強会。

外相「（台湾問題について）詳しくやった」。

▽午後0時5分　小此木彦三郎代議士（自）、李家横浜商工会議所会頭らが陳情。続いて彦根市の大洞弁財天の加藤大僧正と。

▽午後0時15分　国家公安委員　都公安委員らと懇談。

1972（昭和47）年8月23日
日本経済新聞「首相官邸」

▽午前7時　私邸で小林日本電気社長、檜山丸紅社長ら十五組の訪問客と会う。

とある。

時の田中角栄首相が目白の私邸で檜《ひ》山《やま》廣《ひろ》丸紅社長と会ったという記録である。検察が初公判で丸紅の五億円の提供を伴う請託を、田中氏が「よっしゃ、よっしゃ」と引き受けたと明らかにした有名な場面である。

検察はこの日に間違いなく田中―檜山会談があった証拠として、日経の「首相官邸」を申請、裁判所はこれを採用した。同じくロ事件で逮捕された若狭《わかさ》得治《とくじ》全日本空輸社長の場合も同様である。

これがきっかけで全社が同じ欄をつくるようにな

ったのである。ただ首相だけでは不公平と思ったのか、野党党首の動静の欄も併せて設けたところもあった。

ただし首相の動静は基本的に「総理番」が自ら見聞した間違いのないところだが、野党党首の動静まで同じように取材することは人員的にも無理があった。そこで野党党首の分は各党の発表に従って掲載された。

そのうちおかしなことが起こる。正月の民社党の塚本三郎《つかもとさぶろう》委員長の動静。地元の愛知県の選挙区で新年の挨拶回りと掲載されていた。ところが「その日に香港で塚本さんを見た」という目撃情報が新聞社に寄せられたのである。

各党の発表に頼ったので、予想と言うか、危惧されていたことだった。そのうち野党党首の動静は消えてしまった。

ミスターXの信用醸成

この欄を大いに活用したのが小泉純一郎首相の北朝鮮訪問につながる日朝交渉に携わった当時の田中均《たなかひとし》・外務省アジア大洋州局長である。

北朝鮮は交渉の相手となる田中氏が本当に小泉氏の信頼を得ているかどうかに非常にこ

だわった。そこで「それは日本の新聞を見ればいい。『総理の一日』欄を見れば、私が総理と常に相談してきていることがおわかりになるでしょう」と言ったという。

木曜日か金曜日に必ず官邸に行って事前の打ち合わせを行い、週末を利用して第三国で北朝鮮の「ミスターX」と交渉、帰国すると月曜日か火曜日に必ずまた官邸を訪れて報告した。

この場合に限っては田中氏の小泉氏への報告はこっそりではだめだった。必ず首相動静に載るようにしなければならなかった。首相動静に載っただけでも八八回に及んだという。

これで北朝鮮は田中氏が日本政府の最高首脳と直結し、その意志と指示に基づいて交渉していることを確認したのである。

ちなみに安倍晋三首相は再登板の半年後に安倍外交に批判的な見解を示した田中氏をフェイスブックで糾弾したことがある。田中氏が北朝鮮から帰国した五人の拉致被害者を先方との約束に従って再び北朝鮮に戻すように主張していたことを取り上げ、「外交官として決定的な判断ミス」と決めつけ、「彼に外交を語る資格はありません」とまで言っている。なぜこれほどまでにと思うほどの激しさだった。

この交渉では小泉氏が機密保持に極めて厳格で、首相、官房長官、事務の官房副長官、外相、外務事務次官、それに交渉役の外務省アジア大洋州局長のラインに限ったという。つまり安倍氏は政務の官房副長官として官邸の中枢にいたにもかかわらず、全くの蚊《か》帳《や》の外に置かれていたのである。

田中氏のせいではなく、小泉氏の指示によるものなのだが、安倍氏にはずっと田中氏への釈然としない思いが残っていたのだろう。

取材は後退中

首相官邸が二〇〇二（平成一四）年に建て替えられてから、首相動静の取材は後退している。

首相が総理執務室から出ればドアの前で待ち受けた「総理番」がすぐに密着して質問するということはできなくなった。「総理番」のたまり場であるいわゆる「番小屋」と総理執務室は違うフロアになり、来客をモニターでチェックするほかはなくなった。

確かに世界中のどこへ行ってもかつてのようにいつもリーダーの周りを記者が囲んでいる国はないだろう。総理執務室の前の廊下で疲れた「総理番」がヤンキー座りをしているなどというのも明らかにおかしい。

が、これは政治ジャーナリズムが徐々に獲得してきた大事な取材の権利であることも忘れてはならない。

ぶら下がりの始まり

佐藤栄作氏の頃までは「総理番」が歩きながら隣に行って勝手に何でも聞くことはなかなかできなかった。いわんやマイクを突き付けるなどというのはとんでもないことだった。

それが段々と許容度が広がり、やがて首相が立ち止まり、「総理番」が囲み、マイクも入った「ぶら下がり」取材という仕組みもできた。

「ぶら下がり」が制度化されるきっかけとなったのは「四十日抗争」での大平正芳首相と福田赳夫氏の「大福対決」の時である。二人の会談が終わると、福田氏は記者会見や懇談などで自由にその中身を発表することができる。しかし首相の座にある大平氏は発表する場がない。

そうなると、どうしても福田氏の発表に引きずられて、報道も福田氏に有利な内容になっていると大平氏は受け止めた。そこで会談後には大平氏も自分の口で説明する場を設けたのである。マイクもＯＫ。これが「ぶら下がり」の始まりである。

当時、テレビでこれを見ていた中曽根康弘氏は「一国の総理が廊下での立ち話で重要事項を語るとは何事か」と批判していた。しかし自分が総理になってからは最もうまく「ぶら下がり」を活用した。小泉純一郎氏は一日二回、「ぶら下がり」を定例化して、しっかり発信した。

「ぶら下がり」は続いているが、昨今は安倍晋三首相がマイクの前で自分のコメントだけを発表しておしまいというケースが目立つ。

「知人」の結婚式はダメ

二〇一三（平成二五）年九月一七日付の「首相官邸」（一六日の動静）には、

▽11時43分　ホテルオークラで知人の結婚披露宴。

とある。「知人」が誰かが示されていない。

官邸はプライベートなことだし、誰の結婚式に出たかがわかると、それではウチもお願いしようかということになって、収拾がつかなくなると理解を求めている。

しかしこれを理解してしまってはこの欄の意義がなくなってしまうだろう。

首相官邸　16日

▽11時27分　富ケ谷の私邸発。
▽11時43分　ホテルオークラで知人の結婚披露宴。
▽13時37分　公邸で米村危機管理監。
▽13時57分　日比谷公会堂で「すべての拉致被害者を救出するぞ！国民大集会」。
▽14時37分　私邸着。

2013（平成25）年9月16日
日本経済新聞「首相官邸」

特に安倍晋三内閣は「お友達」が何かと問題になっているのだから、知人をはっきりさせなければならないはずである。

ちなみにこの結婚披露宴はセガサミーホールディングスのオーナーである里見《さとみ》治《はじめ》氏の次女のもので、安倍氏のほか、森喜朗、小泉純一郎氏ら旧福田派系の大物が多数、出席している。

新郎も経産官僚だったが、翌年、自民党から出馬して衆院議員になった鈴木《すずき》隼人《はやと》氏である。

二〇一七（平成二九）年の総選挙では小池百合子氏のおひざ元の東京一〇区で若狭《わかさ》勝《まさる》氏を葬り、政界からの引退に追い込んだ。自民党が総力を挙げて応援した候補である。

知人で済ませていいわけがない。

首相動静の後退は政治ジャーナリズムの後退である。

第一六話　一声百行

何てったって「日程」

　グローバリゼーションの世の中だし、今は少しは違っているのだろうが、日本の外交記事の中心は、言い換えれば外交取材で最も力がそそがれているのは「日程」である。

　別にそれ自体は悪いことではなく、「日程」が重要な情報であることは間違いない。首相がいつ訪米するのか、米大統領がいつ来日するのか、各社はこうした取材にしのぎを削っている。

　ただ取材競争の激化は読者のニーズとの乖離を生んでいく。

　一九七六（昭和五一）年春、ロッキード事件との関連もあり、時の三木武夫首相がいつ訪米し、フォード大統領と会談するのかが焦点となっていた。

　焦点となっていたと言っても、予算審議に追われる通常国会の真っ最中であり、行くとすれば四月下旬から五月上旬までの連休中に限られることははっきりしていた。このニュースへの読者のニーズは「三木さんはゴールデンウイークにアメリカに行くんだ」で必要かつ十分である。

ところが新聞社も放送局もそうはいかない。ゴールデンウイークの何月何日に出発するのかという細部の「日程」をめぐって、首相官邸や外務省の担当記者は連日、夜討ち朝駆けを繰り返していたのである。

そうした中のある日、夜回りをした政府高官の自宅で、筆者は熱があって咳き込んでしまい、質問も容易にできない。奥さんがうちの息子と同じ年ごろなのに大変ねと言って、梅干しの入ったお茶を出してくれる。こんな〝環境〟も功を奏したのか、出発は「四月二九日」であることを示唆してもらった。

夜の一一時過ぎである。大急ぎで会社に戻り、最終版の一つ前の版に記事を突っ込もうとする。ところが勢い込んで書こうとするが、すぐ鉛筆が止まってしまう。当時はパソコンではなく、鉛筆でザラ紙に原稿を書いていた。

それもそのはず、何しろニュースは「四月二九日」だけで、これしか書くことがないのである。

「三木首相の訪米は四月二九日に出発と決まった」

極端に言えば、この一行で終わりである。

結局、一〇行ほどの短い記事になり、見出しは「首相訪米は四月二九日」、扱いは最小のベタ（一段）だった。

ここでやおらワシントン特派員から帰ってきたばかりの上司（デスク）が声をかける。「せっかく何日も頑張ったのだから、もっと大きくしたいだろう」。まったくその通りである。

デスクは自ら鉛筆を握った。そうしてできあがった記事は、

日米両国政府はロッキード事件の究明と絡んで焦点となっている三木首相の訪米日程を内定した。

政府筋によると、首相は天皇誕生日の四月二九日、皇居での祝賀式典の後、日本航空特別機で羽田空港を出発、日本時間の翌三〇日、ワシントン郊外のアンドリュース空軍基地に到着する。

首相はただちに宿舎のブレアハウス（迎賓館）に入り、日本側随員と協議、最終的な対処方針を固める。

そのうえでフォード大統領との日米首脳会談に臨み、ロ事件の究明へ直接、協力を

要請する意向である。

何度も繰り返すがニュースは「四月二九日」だけである。これに日航特別機、アンドリュース空軍基地、ブレアハウスなどという必ず使うお決まりの交通機関、地点、建造物などをアクセサリーとしてつける。大統領との会談も単なる「会談」ではなく、「日米首脳会談」と書く。

これによって最終版は見出しが「首相訪米日程固まる、出発は四月二九日、ロ事件で協力要請へ」と三本も立ち、扱いも準トップ級に昇格した。

これが「日程」だけで書ける外交記事である。この時ぐらい「なるほど」となったことはない。

重ねて申し訳ないことに、その後、捜査の進展を見守る必要が出てきたことや、自民党内の「三木おろし」のうごめきが見られたことなどから、この訪米は幻におわってしまう。実際に首脳会談が行われたのはサンファン・サミット（先進国首脳会議）の帰途、ワシントンで六月二九日のことだった。

やがて自分がデスクになった時に、首相の韓国訪問で同じようなことがあった。頑張った記者に「大きくしたいか」と言って、日航特別機、金浦空港などのアクセサリーをつけて、「日韓両国政府」を主語にして記事を書き直した。

しかし全日本空輸の政府への猛烈なアタックがあって、この時に初めて全日空特別機が使用された。日航特別機は「誤報」となってしまった。

今は日航特別機でも全日空特別機でもなく、政府専用機と書いておけば間違いない。

アンカレッジ発原稿

当時、首相の外国訪問に同行する際、定番の記事があった。

「アンカレッジ発原稿」である。

その頃は米国へも欧州へも直行便というものはなく、日本を出てからいったんアラスカのアンカレッジに降りて、給油する。

同行記者は日本を発つ前に訪問に合わせた原稿を書き置いており、アンカレッジ空港に着くと公衆電話で「着いた」ということだけを連絡する。そのためにクオーター（二五セント硬貨）を持っていくことが不可欠である。

そうすると「アンカレッジ発○○特派員」というクレジットを付して、「首相同行筋が機中で明らかにしたところによると」という記事が載るのである。

各社それぞれ中身は違うが、「首相、○○を表明へ」と「共同声明の骨格固まる」の二本が基本形だった。いずれも出発前の首相の記者会見を焼き直したものなどで、ニュースはなしというのがほとんど。社内では誰も読まなかった。

中曽根康弘首相の訪米の際、出発前の打ち合わせで記者団の団長だった朝日新聞の記者が「こういうくだらないことはやめようや」と言った。高名な記者だったので、さすがだなと思って、「アンカレッジ発原稿」を出さなかった。

ところが実際にはどこもデカデカと出ており、朝日に至っては特に目立つ一面トップだった。

ちなみに記者団の団長は人格、識見と関係なく、単に一番、年かさの人がなる。そうなると、記者の年齢構成の高かった東京新聞の人がなることが多く、「少年探偵団」と言われていた若い日本経済新聞から団長は出なかった。

首相、きょう訪米

同じように「首相、あす訪米」「首相、きょう訪米」という記事もおおむね中身はないが、なにしろ一面トップになってしまうので、うちはやめるとはなかなか割り切れない。これを「出発原稿」と言う。

政治部長になって、「理想」を実現しようと思った。後輩の同行記者にあんな記事は書かなくていいと指示し、「首相、きょう訪米」というお知らせのような記事だけを短く二面に二段で載せた。

翌日、各社の朝刊を見ると、軒並み一面トップか準トップである。中身は読めども読めども「首相、きょう訪米」以外の何ものもない。しかし夕方の紙面検討会議で「政治部はもっとしっかり書くように」と上司に叱責されてしまった。

今はこんなことはなくなったと言いたいところではある。

もちろん直行便になって「アンカレッジ発原稿」はなくなったが、それと一本化される形で「首相、きょう訪米」原稿は続いている。

高名な外交評論家になるような人ももちろんいるのだが、一般に外交記者は「一声百行記者」とか、もっとひどいと「国際ウソ書き団」とも言われていた。

「四月二九日出発」も「一声百行」の一種だが、本来は反響記事のことを指す。日本国内で何か大きな出来事があると、すぐ海外の反響をということになる。

実際は海外ではそれほど関心がないというか、あまりにも日本の国内問題なのでわからないということもある。しかし海外の反響を載せなければならない。

米国などは政府要人や外交当局者に電話で取材できるが、ここに「時差の壁」がある。日本の朝刊の最終版の締め切りは米国の早朝である。なかなか談話もとれない。それでも相手の事情ではなく、日本の締め切りに合わせて仕事をするのが特派員である。

何とか片言隻句でもコメントを得て、これを膨らませて反響記事を出さなければならない。共同通信の先輩記者がワシントンに赴任する際、「一声聞いて百行の反響を書けなければ特派員は務まらない」と言っていたのが耳に残る。

逆に中国などは簡単に電話で談話などはとれない。鄧小平《とうしょうへい》時代になって、「改革・開放」がお題目のようになっても、談話を出すには上部機関の承認を得てからということで、頼んでから二日間くらいかかることがあった。

しかしこれはこれで楽である。そこでどういう反響記事になるかというと、その問題を「新華社が東京発で速報し、関心の高さを示した」という内容になる。新華社は中国国営とはいえ、新華通訊社というれっきとした通信社であり、通信社は速報するのである。

「白紙領収書」がばれる

ちょっと原稿やニュースとは話が変わるが、要人の外国訪問に関連して、各国駐在の日本大使館が同行記者団に配付してくれた〝白紙領収書〟に触れておこう。

元外務省主任分析官で、当時は起訴休職外務事務官を名乗っていた佐藤優《さとうまさる》氏が月刊「現代」(二〇〇六年九月号)で、「私が手を染めた『白紙領収書』作り」として、告発したものである。

「モスクワの日本大使館勤務中に上司から、Embassy of Japan, Moscow と書かれた用紙の右下にスタンプを押して持ってこいと指示され、その書類を記者団の幹事に渡した。外務省報道課の担当官に『この紙は何に使うのか』と質《ただ》すと『記者たちはここに適当な数字を書き込んで、会社が前渡しした経費の精算をする』というカラクリの説明があった」(『外務省犯罪黒書』から要旨抜粋)

その通りである。が、一部の例外を除いて、同行記者が私腹を肥やしたということではない。

新聞社は国際化を唱えている割には古い組織で、既に商社はもちろん、一般企業でも外国出張は日常茶飯事のご時世だったが、同行取材で海外に行った時は所属する政治部や経済部などの部員に幅広くお土産を買ってくるのが慣例だった。まさにパーカーのボールペンの時代である。

そのうえ現実の問題としても、同行取材の時の海外の経費はいちいち領収書をもらっている余裕もなく、この〝白紙領収書〟で一括して前払い金の精算をさせてもらっていたのである。

もちろん胸を張って居直れることではない。が、佐藤氏も書いているように、各社とも経費節減というか、コンプライアンスもしっかりしてきて、大使館が「白紙領収書」を渡す慣行はすでになくなった。

ちなみに安倍晋太郎外相に同行してブルガリアを訪問した際、五木《いつき》寛之《ひろゆき》氏の『ソフィアの秋』に出てくる「バラの香水」を大量に買い、一〇枚にわけてもらった白紙領収書とともに、各社に配ったことがあった。社会主義国だけに領収書には「何とか公社」というスタンプが押してあるのだろうと思って、各社とも電話代などとして会社に請求した。

どこも問題なく通ったが、NHKだけは引っかかった。「土産品販売所」というスタンプであることがわかってしまったのである。

ブルガリア語のわかる経理――ＮＨＫの人材の厚みを感じた。
そんな時代である。お許しを頂きたい。

第一七話　つまらなければ鑑真

日本と中国の関係が冷え込んだ今では考えられないが、一昔前は国会議員の訪中ラッシュだった。

「前官礼遇」が魅力

当時、国会議員はなぜ北京へ、北京へとなびいたのか。

もちろん目覚めた「眠れる獅子」が世界の市場として驀進《ばくしん》し始めた姿を自分の目で見たいという思いがあったのは間違いない。四時間足らずのひとっ飛びで行ける近さも魅力である。食事が中華料理で舌になじむし、厭《あ》きない。中国語はもちろん、英語ができなくても恥ずかしくないという要素も拍車をかける。

何よりもうれしいのは「前官礼遇」が徹底していたことである。よほどの大物でもない限り、日本では大臣などの要職に就いている時は大事にされても、辞めてしまえばそう大した扱いはされない。

しかし、中国では在任中に訪中していれば、無役になってから出かけても、大臣だった時と同じ接遇をしてくれる。

引退してからの方が長老として力を持つことが多いお国柄だったので、大臣を辞めてもっと偉くなったのだろうという思い込みも背景にあったのかも知れない。

そのうえ世界に名の通った指導者が比較的、簡単に会ってくれたのである。例えば米国に行って大統領に会えるのは日本からなら首相、せいぜい表敬で外相くらいだが、中国では当時の江沢民《こうたくみん》主席や李鵬《りほう》首相が野党を含む各党の代表団のレベルでも時間を割いてくれた。


滑城の朝雨……


実は江沢民主席の通訳を務める中国外務省のスタッフに筆者がプレゼントして大いに喜ばれたものがある。それは日本の文庫版の『唐詩選』である。

ゴールデンウイークなどの訪中ラッシュの時期が近づくと、通訳は有名な漢詩を日本語ではどう読むかの猛勉強を始める。その参考書としてありがたがられたのである。

日本の国会議員や財界人は漢詩を会談で口にすることが多い。もちろん中国語ではなく、漢詩を日本語の語順と音韻に変えて読む「読み下し文」である。

日本人はもともと漢詩は中国のものなのだから、わかり易いだろうと思いがち。しかし当然のことながら、これは中国人にとってはもちろん、日本語に通じた通訳にとってもちんぷんかんぷんである。

「送元二使安西」（元二《げんじ》の安西《あんせい》に使《つか》いするを送る）はよく披露された。友人を送る王維《おうい》の惜別の歌で、日本では教科書にも載り、詩吟の定番中の定番である。

渭城朝雨浥軽塵
客舎青青柳色新
勧君更尽一杯酒
西出陽関無故人

渭城《いじょう》の朝雨《ちょうう》　軽塵《けいじん》を浥《うるお》す
客舎青青《かくしゃせいせい》　柳《りゅう》色新《しょくあら》たなり
君に勧む更に尽せ　一杯の酒
西のかた陽関《ようかん》を出づれば　故人無からん

敦煌《とんこう》などの西域を旅行し、実際に陽関まで足を運び、その帰途に北京に戻って会談したような場合、「いやあ、全く『故人無からん』の世界でしたなあ」といった形で出る。繰り返すが、これは漢詩であっても、あくまで日本語であり、通訳も何のことやらわからない。仮にこの分野に造詣が深く、「故人無からん」を「知り合いはいなくなります」

と中国語で訳せたとしても、会話体では今度は江沢民主席が何のことだろうと首をかしげる。

ここは通訳がこの漢詩を日本語で理解し、かつ原文も知っていて、「無故人」、あえてカタカナで発音を書けば「ウーグーレン」と言わなければ通じないのである。

本当の話なのだが、国会議員の中には名前も音読みすれば通じると思っていた人さえいた。言わずもがなだが、「鄧小平」を「トウショウヘイ」と言っても全く通じず、あくまでも「ダンシァオピン」なのである。

阿倍仲麻呂もオハコ

逆に江沢民主席がよく取り上げたのは日本から唐に留学し、そのまま帰れずに朝衡《ちょうこう》の名で唐の高官に登った阿倍仲麻呂《あべのなかまろ》である。

天の原
ふりさけみれば春日なる
三笠の山に

いでし月かも

「百人一首」にも入っている仲麻呂の望郷の歌。中国では、

翹首望東天
神馳奈良辺
三笠山頂上
想又皎月円

という五言絶句になっている。

今度は反対で、江沢民主席が中国語でこれを詠んだ時は、通訳が「三笠の山にいでし月かも」と言ってくれないと、日本からの訪問客は何のことやらわからない。だから通訳は中国通を任じて、学のあるところも見せようと、漢詩を持ち出す訪問客をもっとも嫌がっていた。

ちなみに地名の連発もお断りだった。例えば名古屋。

英語なら「NAGOYA」をどんなアクセントで言ってもわかるが、中国語では「ナゴヤ」ではなく、「ミングーウー」である。東京（トンチン）、大阪（ダーバン）くらいなら何とかわかるが、日本で三番目の都市になると、もう互いにお手上げなのである。

阿倍仲麻呂以上に江沢民主席がよく持ち出したのが鑑真《がんじん》和上である。

実はこれ、日中友好、日中交流の証《あかし》として使ったとは言い切れないところがあった。時間つぶしの材料でもあったのである。

日本からの訪問客の話がつまらないときに限って、「鑑真」が出た。これを通訳も交えて一五分くらいやる。通常の会見は三〇分くらいだから、最初と最後の挨拶を除けば、これだけで時間はたってしまう。

何しろ一〇〇を超える国の代表と入れ替わり立ち替わりで会っているのである。社民党訪中団の土井たか子団長らは「今日は鑑真まで出て、和気あいあいだった」と喜んでいたが、本当はどうだったのだろうか。

そして何よりも中国の指導者が望んでいたのは日本の首相がしょっちゅう代わらないでほしいということだった。当時、日中首脳会談では必ず「中国の政治的な安定を望む」という話になった。先方としては口にこそしないが、オイオイ、安定しなければならないのはそっちの方だろうと思っていたに違いない。

確かに竹下登氏の言う「歌手一年、総理二年の使い捨て」の状態になっていたし、訪中から帰国するとすぐ退陣というジンクスもあった。鈴木善幸、海部俊樹、細川護熙首相がその代表例。一生懸命、歓待したのに「なあーんだ」というわけである。

国際社会での中国の格がぐんと上がり、今ではちょっとやそっとでは習近平《しゅうきんぺい》主席は会ってくれない。各党の代表団のレベルでは李克強《りこくきょう》首相も難しく、せいぜいチャイナセブンといわれる共産党政治局常務委員の一人がいいところである。

日中「人民」の岩盤

要人の往来がしぼんでも、「爆買い」が話題になる中国「人民」の訪日が急膨張している。観光地が中国からの旅行者で埋め尽くされて、何かとトラブルも頻発しているが、これは日中関係の安定にとっては大いに歓迎すべきことである。

八〇年代に日本人の海外旅行が大ブームとなり、言葉は悪いが、山奥の農家のおばさんまでも一度はどこかの国に行ったことのある人ばかりになった時、ある意味でこれが自民党政権の安泰の最大の要因になった。

海外旅行で一時的に外国の景色に目を奪われ、舌鼓を打っても、街の安全、交通機関の便利さ……、帰ってみれば結局は日本が一番という結論になったからである。

近年、訪日した中国人はとにかく日本の何もかもが清潔であることに驚嘆し、日本人が親切であることに感激している。中国で教えられてきた日本の印象は一変し、多くがまた来たいと思って帰国する。日本からのお土産を配りながら、「実はね」と日本の魅力を近隣にも語っているだろう。

長く「米中の対立」が喧伝されてきたが、ちょっと強引に言えば、米国と中国が直接、戦火を交えたことはない。朝鮮戦争で戦ったのは米軍ではなく、国連軍である。何よりも中国人は強いものが好きで、それは米国である。米中の見えない岩盤は確かに存在する。

中国の指導部はかつてはソ連留学組で占められていたが、今は米国留学組の時代になりつつある。幹部の子弟の留学先も米国が一番、習得を希望する外国語も英語が一番である。

日中関係に火が付いたら、過去の歴史があるだけに、中国指導部も火消しには苦労する。だから「人民日報」などでの日本への攻撃はよく見ると実は抑制的である。米中関係は極言すればほうっておいても鎮火する。何しろ米国は中国が目指す「新しい大国関係」のパートナーである。

中国が言いたがらない歴史なので、あまり知られていないが、一九二一（大正一〇）年、中国共産党の第一回全国代表大会が上海で開かれた時、一三人の代表のうち四人は日本留学組だった。その前にも周恩来《しゅうおんらい》らが日本にやってきたが、結局、フランスに行ってしまう。「日本への留学の機会を得ながら、日本では何も学びませんでした。覚えているのは日本の豆腐が中国のよりおいしかったことくらい」という言葉を残した。

最近まで中国の留学生は「本当は働いてカネ稼ぎに行くのではないか」と見ることから始まる日本の入国管理政策でビザもなかなか下りず、住居を借りるのも「中国人はお断り」がかなりあって、米国に行った中国人が「心に青空が広がった」と述懐するのとは反対の印象を持ちがちだった。

観光のための訪日でも、中国「人民」の印象が変わり、無意識のうちに日中の岩盤が少しずつできていけば、国会議員の訪中ラッシュなどはますます不要になるだろう。

第一八話　学歴不問

「後楽園球場」いっぱい

かつて国会は日本一の学歴不問の職場というか、平等社会であった。何しろ最高のリーダーである内閣総理大臣が尋常高等小学校卒だったのである。

やがて二世、三世議員の時代へと移り、初代は中学卒、高校卒だったが、二代目は大学卒。この大学はあまり聞いたことのないところも多かったが、三代目は一流大学卒。

が、先々代の時代に比べて、今の方が「人材の宝庫」と言えるのかどうか。ここが悲喜劇である。

新聞社で政治部に配属された時、上司（デスク）にこう言われた。

「明日から国会に行ってもらうが、曲がりなりにも最高学府を出た君より頭がいいと言うか、まっとうな議員は一〇人もいないだろう」

いくら何でもそんなことはないでしょうと怪訝《けげん》な顔をしていると、先輩記者でもあるデスクは付け加えた。

「ただしだ、いまここで五億円のカネをもらったとしても、次の選挙までに後楽園球場（当時はまだ東京ドームではなかった）いっぱいの五万人に君の名前を書かせることができるか」

中選挙区制の下での平均的な当選ラインは五万票だった。

「こんな奴が日本の選良なのかと義憤にかられることもままあるだろう。が、みんな後楽園球場いっぱいの人に名前を書かせてここに来ているんだなあと考えると、本当はどこかすごいところがあるはずだと思わざるを得ない」

「そうとでも思わなければ馬鹿らしくてやっていけないよ」

あえて極端に話してくれたわけだが、「五万人」が頭に残った。

真室川音頭大臣

それを実感する場面に出くわしたことがある。

最初に担当した閣僚は行政管理庁長官だった松沢雄蔵《まつざわゆうぞう》氏である。戦時中は満蒙学校本科を出て、そのまま中国大陸で活動、戦後、郷里の山形県に帰って真室川《まむろがわ》村長になる。

私しゃ　真室川の梅の花　コーオリャ
あなたまた　このまちの　鶯《うぐいす》よ
花の咲くのを　待ちかねて　コーオリャ
蕾《つぼみ》のうちから　通って来る

踊り出したくなる粋な「真室川音頭」である。北海道の港町で歌われていた「ナット節」が真室川に入ってはやった作者不詳の山形県民謡というのが公式的な解説。が、永田町や地元では松沢氏が元の歌詞を補作し、世に出したと伝えられ、「真室川音頭大臣」とあだ名された。書や水墨画も巧みで、風流人としても知られた。

同じ椎名悦三郎派で、運輸相の時に自分の選挙区である埼玉県の深谷《ふかや》駅に急行を停めた荒船清十郎《あらふねせいじゅうろう》氏が「暴れん坊」で通っていたのと並んで、米価の引き上げを強硬に主張するコメ議員の代表、いわゆる「ベトコン隊長」の松沢氏も「利かん坊」と怖れられていた。風貌からしても豪傑だった。

しかし不幸なことに三木武夫内閣で最初で最後の入閣を果たしたのは脳卒中の大病を患った後だった。閣議の模様を伝える記者会見も、川島広守《かわしまひろもり》官房副長官に書いてもらったメモをやっと読むだけといった状態を余儀なくされていた。

もちろん個別の取材の応対なども難しかったが、「大臣、説明して頂くのはご面倒でしょうから、資料を見せてください」と言うと、「それなら持ってけ」と極秘資料をカバンから出して渡してくれたりするので、かえってありがたかった。

ある朝、議員宿舎を訪ねると、部屋から遠いのに松沢氏の声が聞こえる。

「あの地区のだれだれに電話してひっぱがせ」

「今日中にだれだれを訪ねて頭を下げてこい」

普段と違って言語明瞭、声に気迫がこもり、廊下にまで響き渡っていた。

実は松沢氏の選挙区である山形二区にはイケショーと言われた名物男の池田《いけだ》正之輔《まさのすけ》氏がいた。その前の選挙で落選はしていたが、ずっと山形県政界の保守陣営を二分する宿敵だった。

池田氏は日通事件に連座、最高裁で実刑が確定し、病気で服役は免れたものの、政界からの引退を表明した。松沢氏はそれを聞くやいなや、地元の池田氏の陣営に手を突っ込むよう電話で指示していたのである。

「別人」になっている松沢氏を見て、「五万人」を思い出した。

広大な中間地帯

新聞社というのは、入ってしまえば、出身校による差別などはない。むしろ取材の動作がのろかったりすると、自分が行けなかった恨みも込めて、「君はひょっとして東大を出ているんじゃないか」などと馬鹿にされる。

それでも記者はほとんどが大卒は大卒だが、国会議員は違った。中卒も高卒も大卒も本当に入り乱れていた。

田中角栄氏が総理・総裁だった頃、初任地が新潟支局だったので、新潟県西山町（現柏崎市）の生家を見に行ったことがある。季節は冬。もう周りの道路は整備されており、当時は見学者も多く、臨時の公衆トイレまであり、雪に埋もれているということはなかった。

それでも一帯が日本海側に特有の灰色で覆われ、雪がひっきりなしに風に舞う光景を見ながら昔を想像すると、こんなところから小学校高等科を出たばかりの少年が母に見送られ、一人で笈《きゅう》を負って上京したのかと思うと、感じるところが少なくなかった。

やがて田中派の担当となり、初めて角栄氏に会って挨拶した。この時のことが思い出さ

れて、

「冬に新潟のお宅に伺ったことがあります。その光景を見て、家内は『これから田中さんがどんなに悪いことをしても、私は支持する』と感激しておりました」

と言ってしまった。角栄氏の返答。

「素晴らしい奥さんだ、ぜひよろしく伝えてほしい。だが、ちょっと間違えているところもある。私はね、悪いことはしていないんだ」

その角栄氏には学歴のないことからくる独自の「多数派工作」とはなんぞやについての考え方があった。角栄氏にとって、頂上を目指すには味方を増やすのではなく、敵を減らすことが基本中の基本である。

「富士のお山を見ろ。峰の白雪、これが味方だ。ふつうはこの白雪を大きくしようとする。しかし俺には難しいんだ」

「一高—東大の奴には仲間がいる。これが白雪になってくれるし、広げてもくれる。一高に行けなくて、静高だった奴にもそれなりに仲間がいる」

この場合、一高は福田赳夫氏、静高は静岡高校の中曽根康弘氏のことである。

「俺にはそういうものはない。だから俺は白雪を増やすのではなく、その下に広がる裾野に目をやる」

「それでもこの裾野を全部、味方にすることはできない。『田中がいい』と言ってくれなくていいんだ。何かの時に『田中だけはダメ』と言わせない。そうした『広大な中間地帯』をつくるために頑張っているんだ」

この場合の「頑張っているんだ」が何かは言わずもがなである。

稲門会から三田会

竹下登氏が総理・総裁の座を目指している頃、「国会稲門会《とうもんかい》」の動きも活発になっていった。

戦後、それまでに総理になった早稲田大学卒の国会議員は石橋湛山氏だけだったが、竹下氏の後は海部俊樹、小渕恵三、森喜朗、福田康夫氏と続いた。当時の民主党からも野田佳彦氏。

竹下氏、森氏、首相にはならなかったが、藤波孝生氏。家業の関係もあって商学部卒が目立つ。早大の不正入学事件も商学部で起きた。竹下氏は「この竹下にもお疑いの目を向ける方がおられると思うが、それは断固違う。我々のころは戦後間もなくで応募者が定員に満たず、全員合格だったのであって、不正入学とは趣を異にする」とよく言っていた。

ちなみに政治家を輩出した早稲田のサークルは「雄弁会」が有名。竹下氏も先輩として名を連ねている。が、竹下氏の在学中、雄弁会は戦時中に親軍的だったとして、活動停止になっていた。これはもし雄弁会が活動していれば、当然、入会していただろうというおおらかな理由で、「ＯＢ」になっているのである。

その後、二世議員、三世議員が多くなると、慶応大学卒の国会議員が増え、時代は稲門会から三田会へといわれた。総理・総裁になったのは橋本龍太郎、小泉純一郎氏。

いまや高校、麻立会

ところが大学卒が当たり前になってきたせいか、今度は高校の同窓会が誕生する。例えば「麻立会《まりゅうかい》」。

麻布高校を卒業した衆院議員の集まりとして一九八八（昭和六三）年三月に発足した。親睦団体を標榜しているのはもちろんだが、ちょうど橋本氏が将来の総理候補としてとりざたされ始めたころだった。

初会合の前に橋本氏に会い、「橋本応援団ですね」と聞いたところ、「もし麻立会のことを書いたら、二度と君には会わない」となぜかすごく怒られた。しかし橋本応援団のトーンを薄めはしたが、しっかりコラムで載せた。翌日、朝刊を開いてその記事が載っているかどうかを真っ先に見ていたそうである。こわごわまた訪ねると、「やったな」と言いながら、その後も取材に機嫌よく応じてくれた。

立《りゆう》は龍に通ずる。後輩の与謝野《よさの》馨《かおる》氏は「名こそ麻『龍』会ではなかったが、実際は橋本さんを総理にしようとする会であった」とこの間の事情を書き残している。

橋本氏の立場も設立の時期もデリケートだったのである。

ちなみに橋本内閣の首相補佐官として、沖縄の米軍普天間基地の移設に道筋をつけた岡《おか》本行夫《もとゆきお》氏は「怒鳴られたり叱られても、もう一度向かっていけば、必ず入れてくれた。怒鳴られたまま嫌気がさして、こちらが逃げ出せば、そのままになる」と橋本氏と付き合う機微を明かしている。

岡本氏は「その後、常にいらいらして、自分の責任を棚に上げて、怒鳴りまくる総理が現れたが、橋本先生とは全く違った」と付け加えているが、それは誰のことだろう。

風切り龍太郎

橋本氏は後に女性ファンから「龍さま」と呼ばれるが、永田町でのちょっとかっこいいあだ名は向こうっ気の強さを評した「風切り龍太郎」である。歩き方からしてそうだった。

東京・六本木のマンション。毎朝、部屋から玄関までのロビーをカッ、カッと靴音を響かせ、速足で通り抜ける。前をまっすぐに見据えて、話しかけても振り向きもしない。いつも血相を変えている。出勤というより出征の趣だった。

多くの人が橋本氏に〝大人〟になれと助言していた。羽田孜氏は山形県出身の歌人の作品ながら、地元の信州での結婚式でよく披露される「二人が睦まじくいるには　愚かでいるほうがいい」で始まる詩を贈った。

正しいことを言うときは
少しひかえめにするほうがいい
正しいことを言うときは
相手を傷つけやすいものだと

気付いているほうがいい

吉野弘「祝婚歌」より

ミスター政治改革の伊東正義氏はポスト竹下で後継に自分の名前が挙がった時、「表紙だけを替えてもダメだ」と一蹴したことで有名だが、この時、実は橋本氏に執心していた。これが経世会の一員でも橋本氏を推していない金丸信氏らの不興を買って、いわばひいきの引き倒しになってしまうのだが、その伊東氏でさえ、「橋本君は仕事のできることでは有数の人物だが、背中にいつも〝権威〟の二文字が書いてある」と自信家ぶりが鼻につくことを認めていた。

異母弟で、NHK記者から高知県知事になった大二郎《だいじろう》氏は、色とりどりの花を咲かせて目を引くが、足元が浮いているという意味で、「水栽培のヒヤシンス」と兄を評した。

しかし当人は古い土壌にはあえて根を張らないというのが矜持で、これこそが経世会の中では一匹狼であっても、大向こうの人気を集めた秘密だった。

何やら校則もなく、「個」を重視する麻布的とも言えるだろうか。

麻布からは橋本氏のほか、福田康夫氏が総理・総裁に、谷垣禎一氏が総裁になっている。平沼赳夫《ひらぬまたけお》、丹羽雄哉《にわゆうや》、中川昭一《なかがわしょういち》氏ら準ニューリーダーが当初のメンバーだった。今は参院議員も加わり、鈴木善幸氏の子息の俊一氏らのほか、麻布卒ではないが、橋本、福田、中川氏の後継者の岳《がく》、達夫《たつお》、郁子《ゆうこ》氏も顧問として名を連ねている。

「麻布、開成、武蔵」というのが長く東大への進学が多い東京の三大名門校だったが、その中でも麻布はガリ勉型ではない自由な校風で有名。そのせいか、別の理由か、国会議員になったのは麻布を出ながら東大ではない人が目立つ。

次いで開成、永霞会

このところ東大の合格者数では開成が水をあけている。かつては東京二十三区のはずれにあるバンカラの開成と高級官僚というのはイメージが湧かなかったが、最近は財務次官を輩出するなど、勢力を拡大している。

開成出身の国会議員と中央省庁の官僚が集う「永霞会《えいかかい》」も発足した。永田町・霞が関開成会の意味である。発起人代表に名があったのは首相の座をうかがう宏池会会長の岸田文雄《きしだふみお》氏。国会議員は九人だったが、官僚は退官した人を含めると約六〇〇人だという。

稲門会から三田会へのように、麻布から開成への時代が来つつあるのだろうか。

いかなる集団から本物のリーダーが出てくるのか。一世を風靡した松下政経塾も失速の感が否めない。

今の永田町を眺め渡すと、初当選の時からエスカレーター式に出てきた世襲議員のオンパレードになり、派閥の領袖から政権の座に就くまでの切磋琢磨もかつてのような迫力はなく、情けなくもなってくる。四世議員も出始めて、国会議員がすっかり「家業」になってしまった。

が、悲観的にばかりならず、ここではまた藤波孝生氏が好きだった佐藤一斎の言葉にすがりたいと思う。

有りて無き者は人なり　無くして有る者もまた人なり

あとがき

新聞社の女性論説委員を主人公にした丸谷才一氏の『女ざかり』の中に「社説の読者は全国の論説委員の数と同じである」という説が出てくる。ウーンとうならせ、その通りと言わせ、何を言うかと怒らせる見事な一行である。

これに倣って言うと、この本の読者の数の上限は「全国の政治記者とそのOBの数プラスαである」ということになろうか。プラスαは国会議員を中心とする政治家とその予備軍である。

こういう人たちの〝歴史副読本〟としては参考になることもなしとしないが、言ってみればほとんどが過去の人となった政治家の話であり、どんな意味があるのかと問われると胸を張っての答えには窮する。ここまで読んで頂いた方には感謝しかない。

近年、テレビに出演する政治ジャーナリストと言われる人は、その経歴を政治取材歴○○年、○○人の首相を取材という形で売り物にし、テロップなどで紹介されている。

その伝でいけば、筆者も海外勤務などで永田町を離れていた時代や、管理職となって永田町を「遠望」していた時代も含めれば政治取材歴四〇年、安倍晋三首相から数えて二二人前の三木武夫首相から取材と長さだけは結構な水準である。

そのうえ幸か不幸か、野党や労働界を担当したことはなく、政府・自民党、すなわちほとんどすべての期間、政権与党だけを取材してきた。

くわえて自民党でも実力者といわれるようないわゆる大物と、ちょっと語弊はあるが、規格から外れた政治家の取材に自主的に傾斜してきた。

日々の記事を書くには大物ではなく、その側近や周辺を取材することが肝要で、大物が具体的な何かを教えてくれたり、解説してくれたりすることはまずない。あっても「後日談」で、時々刻々と報じていく日々の記事には役立たない。

かつての政治記者の取材は時間的には過酷だが、面白かった。が、面白さとは裏腹で、スキルとしては何も残らない。残るのは「思い出」である。そこで、ある時から筆者は割り切って、政治家の人となりを知ることに取材の重点を置いてきた。

極言すれば、取材というより毎日、毎日、「顔」を見に通っていたのである。

講演（まあ政治講談だが）などでその一端を話して、それなりに受けたりしてはいたが、本にすることなどは思いもよらなかった。しかし講談社取締役の鈴木章一氏の有無を言わせぬお勧めを受け、自分だけが知っていると思われる話と、ちょっと間違って広まっている話の修正だけでも記録に残させてもらおうかという気分になった。

そうして久しぶりにダイナミックと思わせた政治の「希望」が「失望」へと変わっていくのを横目で見ながら、思いつくままに書き起こしたのが本書である。

基本的に自分の見聞きしてきたことを綴ったので、参考図書というものはあまりないはずなのだが、年月日や事実関係の確認に先人の著作を参考に「させて頂いた」。メモの一枚もないのに、記憶というものはだんだんと蘇ってくるものであることがわかったが、誤りなきを期すための点検作業は不可欠で、大いに感謝したい。

「本を書くことは恥をかくことだ」といわれるが、これからどんどんご指摘、ご叱正を頂いて、一層、恥をかくことになるだろう。

こんなことを書かれて不愉快という向きもあると思う。虚偽の記述はないはずだし、しゃべることと活字に残ることは違うので、慎重を心掛けたが、それでもということもあるだろうから、あらかじめお詫びもしておきたい。

頷かざるを得ない助言をちくりちくりとしてくれた現代新書編集長の青木肇氏、素晴らしいレイアウトに仕立ててくれた担当の小林雅宏氏、そして面倒な校正をしてくれた方々に謝意を表したい。

二〇一八年一月

岡崎守恭

主な参考図書

奥島貞雄『自民党幹事長室の30年』中央公論新社、二〇〇五年
海部俊樹『政治とカネ』新潮社、二〇一〇年
片岡憲男『田中角栄邸書生日記』日経BP、二〇〇二年
加藤紘一『いま政治は何をすべきか』講談社、一九九九年
金丸信『立ち技寝技』日本経済新聞社、一九八八年
木村貢『総理の品格』徳間書店、二〇〇六年
小枝義人『党人　河野一郎』春風社、二〇一〇年
後藤謙次『平成政治史（一〜三巻）』岩波書店、二〇一四年
鈴木宗男『政治の修羅場』文藝春秋、二〇一二年
竹下登『証言　保守政権』読売新聞社、一九九一年
田﨑史郎『経世会死闘の七十日』講談社、一九九五年
田中均『外交の力』日本経済新聞出版社、二〇〇九年
田中良紹『裏支配』廣済堂出版、二〇〇三年
田中六助『保守本流の直言』中央公論社、一九八五年
中曽根康弘『政治と人生』講談社、一九九二年
野中広務『老兵は死なず』文藝春秋、二〇〇五年
橋本茂『政治と鎮魂』心泉社、二〇〇一年
原健三郎『ハラケン「生涯現役」』（神戸新聞東京支社）神戸新聞総合出版センター、二〇〇一年
福本邦雄『表舞台　裏舞台』講談社、二〇〇七年
三輪和雄『総理の病室』新潮社、一九八五年
村上正邦『我、国に裏切られようとも』（魚住昭）講談社、二〇〇七年
森喜朗『私の履歴書　森喜朗回顧録』日本経済新聞出版社、二〇一三年
山崎拓『YKK秘録』講談社、二〇一六年
山中貞則『顧みて悔いなし　私の履歴書』日本経済新聞社、二〇〇二年
『含羞の人　藤波孝生追悼集』藤波孝生追悼集刊行委員会、二〇〇八年
『去華就実　聞き書き大平正芳』大平正芳記念財団、二〇〇〇年
『61人が書き残す政治家橋本龍太郎』文藝春秋、二〇一二年

直接、引用したものなどに限った
著者名の五十音順
聞き書きの場合は聞き手、編者をカッコ内で記した
出版社名は発行の時のもの
筆者がかつて新聞に掲載した記事、雑誌への寄稿からも抜粋した

●本書関係の自民党年表

年	月日	出来事
1980（昭和55年）	5.16	福田、三木派などの造反で大平正芳内閣不信任案可決
	5.31	大平首相が緊急入院
	6.12	大平首相が死去
	6.22	衆参同日選挙で自民党圧勝
	7.15	鈴木善幸総裁を選出
1981（昭和56年）	3.16	第2次臨時行政調査会（土光臨調）が初会合
1982（昭和57年）	9.26	鈴木首相が訪中
	10.12	鈴木首相が退陣表明
	11.25	中曽根康弘総裁を選出
1983（昭和58年）	10.12	ロッキード事件で田中角栄元首相に有罪判決
	12.18	衆院選で自民党敗北。新自由クラブと連立へ
1984（昭和59年）	10.27	「二階堂擁立劇」が表面化
1985（昭和60年）	1.31	田中六助氏が死去
	2.7	竹下登氏の「創政会」が初会合
	2.27	田中元首相が緊急入院
1986（昭和61年）	7.6	「死んだふり解散」の衆参同日選挙で自民党圧勝
1987（昭和62年）	7.4	「経世会」（竹下派）が結成
	10.20	中曽根裁定で竹下登総裁を指名
1988（昭和63年）	7.5	リクルート事件が表面化
	12.24	消費税法が成立
1989（昭和64、平成元年）	1.7	昭和天皇崩御
	4.25	竹下首相が退陣表明
	4.26	竹下氏の秘書・青木伊平氏が自殺
	5.22	東京地検、藤波孝生元官房長官を在宅起訴

1989（昭和64、平成元年）	6.2	宇野宗佑総裁を選出
	6.6	週刊誌が宇野首相の女性スキャンダルを掲載
	7.23	参院選で自民党大敗、翌24日宇野首相が退陣表明
	8.8	海部俊樹総裁を選出
	10.14	田中元首相が引退表明
1990（平成2年）	9.24	金丸信元副総理らが北朝鮮訪問（自社両党代表団）
1991（平成3年）	4.7	小沢一郎幹事長が東京都知事選の敗北で辞任、経世会会長代行に
	5.15	安倍晋太郎氏が死去
	10.27	宮澤喜一総裁を選出
1992（平成4年）	8.27	金丸副総裁、東京佐川急便からの5億円受領を認めて辞任
	10.14	金丸氏、議員辞職、経世会会長辞任
	10.28	経世会、小渕恵三会長を決定
	12.18	小沢、羽田孜氏らが経世会を離脱して新派閥
1993（平成5年）	3.6	東京地検、金丸氏を逮捕
	6.18	羽田・小沢派の造反で宮澤内閣不信任案可決
	7.18	衆院選で自民党敗北、22日宮澤首相が退陣表明
	7.30	河野洋平総裁を選出
	8.9	細川護煕内閣が成立、自民党は初めて野党に転落
	12.16	田中角栄氏が死去
1994（平成6年）	6.30	自民、社会、さきがけの連立で村山富市内閣が成立
1995（平成7年）	7.5	福田赳夫氏が死去
	9.15	渡辺美智雄氏が死去

1995（平成７年）	9.25	橋本龍太郎総裁を選出
1996（平成８年）	1.11	２年半ぶりの自民党首班の橋本内閣が成立
	3.28	金丸信氏が死去
1997（平成９年）	12.27	小沢党首の新進党が解党
1998（平成10年）	5.19	宇野宗佑氏が死去
	7.12	参院選で自民党敗北、橋本首相が退陣表明
	7.24	小渕恵三総裁を選出
1999（平成11年）	1.14	自民、自由の連立で小渕改造内閣
	10.5	自民、自由、公明の連立で小渕再改造内閣
2000（平成12年）	4.1	自由党が連立離脱
	4.2	小渕首相が緊急入院
	4.5	森喜朗総裁を選出
	5.14	小渕前首相が死去
	6.19	竹下登氏が死去
	11.21	「加藤の乱」を鎮圧、森内閣不信任案を否決
2001（平成13年）	1.20	「えひめ丸事件」が発生
	4.23	小泉純一郎総裁を選出
2002（平成14年）	1.29	田中眞紀子外相を更迭
	3.18	加藤紘一氏が離党、翌月議員辞職
2003（平成15年）	10.27	中曽根元首相が政界引退を表明
2004（平成16年）	7.19	鈴木善幸氏が死去
2005（平成17年）	9.11	「郵政解散」の衆院選で自民党圧勝
2006（平成18年）	7.1	橋本龍太郎氏が死去
	9.26	安倍晋三内閣が成立（第一次）
2007（平成19年）	9.25	福田康夫内閣が成立
2008（平成20年）	9.24	麻生太郎内閣が成立
2009（平成21年）	9.16	民主党・鳩山由紀夫内閣が成立

講談社現代新書　2460

自《じ》民《みん》党《とう》秘《ひ》史《し》　過《す》ぎ去《さ》りし政治家《せいじか》の面影《おもかげ》

二〇一八年一月二〇日第一刷発行　二〇一八年一二月七日第四刷発行

著　者　岡崎守恭《おかざきもりやす》　

発行者　渡瀬昌彦
発行所　株式会社講談社
東京都文京区音羽二丁目一二―二一　郵便番号一一二―八〇〇一
電　話　〇三―五三九五―三五二一　編集（現代新書）
〇三―五三九五―四四一五　販売
〇三―五三九五―三六一五　業務
装幀者　中島英樹
印刷所　慶昌堂印刷株式会社
製本所　株式会社国宝社
定価はカバーに表示してあります　Printed in Japan

JASRAC 出1714919-701

N.D.C.312.8 226p 18cm
ISBN978-4-06-288460-0

「講談社現代新書」の刊行にあたって

教養は万人が身をもって養い創造すべきものであって、一部の専門家の占有物として、ただ一方的に人々の手もとに配布され伝達されうるものではありません。

しかし、不幸にしてわが国の現状では、教養の重要な養いとなるべき書物は、ほとんど講壇からの天下りや単なる解説に終始し、知識技術を真剣に希求する青少年・学生・一般民衆の根本的な疑問や興味は、けっして十分に答えられ、解きほぐされ、手引きされることがありません。万人の内奥から発した真正の教養への芽ばえが、こうして放置され、むなしく滅びさる運命にゆだねられているのです。

このことは、中・高校だけで教育をおわる人々の成長をはばんでいるだけでなく、大学に進んだり、インテリと目されたりする人々の精神力の健康さえもむしばみ、わが国の文化の実質をまことに脆弱なものにしています。単なる博識以上の根強い思索力・判断力、および確かな技術にささえられた教養を必要とする日本の将来にとって、これは真剣に憂慮されなければならない事態であるといわなければなりません。

わたしたちの「講談社現代新書」は、この事態の克服を意図して計画されたものです。これによってわたしたちは、講壇からの天下りでもなく、単なる解説書でもない、もっぱら万人の魂に生ずる初発的かつ根本的な問題をとらえ、掘り起こし、手引きし、しかも最新の知識への展望を万人に確立させる書物を、新しく世の中に送り出したいと念願しています。

わたしたちは、創業以来民衆を対象とする啓蒙の仕事に専心してきた講談社にとって、これこそもっともふさわしい課題であり、伝統ある出版社としての義務でもあると考えているのです。

一九六四年四月　野間省一

政治・社会

経済・ビジネス

350 経済学はむずかしくない〈第2版〉──都留重人

1596 失敗を生かす仕事術　畑村洋太郎

1624 企業を高めるブランド戦略──田中洋

1641 ゼロからわかる経済の基本──野口旭

1656 コーチングの技術──菅原裕子

1695 世界を制した中小企業　黒崎誠

1926 不機嫌な職場──高橋克徳 河合太介 永田稔 渡部幹

1992 経済成長という病──平川克美

1997 日本の雇用──大久保幸夫

2010 日本銀行は信用できるか　岩田規久男

2016 職場は感情で変わる　高橋克徳

2036 決算書はここだけ読め！──前川修満

2061 「いい会社」とは何か　小野泉 古野庸一

2064 決算書はここだけ読め！ キャッシュ・フロー計算書編　前川修満

2078 電子マネー革命──伊藤亜紀

2087 財界の正体──川北隆雄

2091 デフレと超円高──岩田規久男

2125 ビジネスマンのための「行動観察」入門　松波晴人

2128 日本経済の奇妙な常識　吉本佳生

2148 経済成長神話の終わり　アンドリュー・J・サター 中村起子 訳

2151 勝つための経営──畑村洋太郎 吉川良三

2163 空洞化のウソ──松島大輔

2171 経済学の犯罪──佐伯啓思

2174 二つの「競争」──井上義朗

2178 経済学の思考法──小島寛之

2184 中国共産党の経済政策　柴田聡 長谷川貴弘

2205 日本の景気は賃金が決める　吉本佳生

2218 会社を変える分析の力　河本薫

2229 ビジネスをつくる仕事　小林敬幸

2235 20代のための「キャリア」と「仕事」入門──塩野誠

2236 部長の資格──米田巖

2240 会社を変える会議の力　杉野幹人

2242 孤独な日銀──白川浩道

2252 銀行問題の核心──江上剛 郷原信郎

2261 変わった世界 変わらない日本──野口悠紀雄

2267 「失敗」の経済政策史　川北隆雄

2300 世界に冠たる中小企業　黒崎誠

2303 「タレント」の時代──酒井崇男

趣味・芸術・スポーツ

N

日本語・日本文化